「白い歯」で稼ぐ!

未経験からはじめる「セルフホワイトニングサロン」

佐藤和也
ホワイトニングカフェ代表

河出書房新社

はじめに

▼サロン経営未経験からの開業

みなさんはじめまして。著者の佐藤和也《さとうかずや》と申します。この度は、本書を手にとっていただき誠にありがとうございます。

突然ですが、ここで簡単に自己紹介をさせてください。

私は現在、全国に60店舗展開している（２０２４年10月現在）セルフホワイトニングサロン、「ホワイトニングカフェ」のフランチャイズチェーン（ＦＣ）本部を経営しています。セルフホワイトニングサロンとは、歯のホワイトニングが受けられる施設で、その特徴はお客様自身で施術を行っていただくこと。そのため事業者には免許も資格も不要です。

創業は２０１５年10月、30歳のとき。神戸三宮《さんのみや》にあるネイルサロンの空きスペースでスタートしました。サロン経営はまったくの未経験だったのですが、10年足らずで店舗数を大きく増やすことに成功しています。

そうは言っても、私に店舗運営やチェーン展開に関するスキルやノウハウがあったわけではありません。

新潟に生まれた私は、小学校から大学までスキージャンプに明け暮れ、その後はフルコミッションのセールスや住宅リフォーム会社のサラリーマンを経験。小遣い欲しさに始めた貿易業がうまくいったので、2012年に独立しました。ネット上で完結するビジネスで店舗運営とは縁遠く、ほとんど誰にも会わずに会社を経営していました。

そんな私が、なぜセルフホワイトニングサロンを開業することになったのか。そしてなぜうまくいったのかについては、これから本書で詳しく紹介していきますが、「成功の秘訣」を端的に表現するとしたら、次の言葉に集約できるでしょう。

セルフホワイトニングサロンは〝儲かる〟ビジネスだから。

……種も仕掛けもなくてすいません。でも、それが真実です。でなければ未経験で始めたビジネスが、短期間で全国展開にまで至るはずはありません。

儲かるビジネスとは、

- ニーズがある
- 時流に乗っている
- 利益が上がる仕組みがある

ということ。そこに開業（出店）までに必要なノウハウと、集客・接客・人材育成の方法論などを加えれば、誰がやっても成功できる「儲かるビジネス」になるのです。

▼ワンオペでも「年商1620万円」

具体的な数字でお見せしましょう。

「ホワイトニングカフェ」の場合、営業時間は10～19時が基本です（店舗によって異なります）。お客様1人あたりの売上単価は約5000円で、滞在時間は1人あたり30分～1時間が標準的。1時間に1人の予約があった場合、売上は次のような数字となります。

- **1日の客数……1人×営業時間9時間＝9人**
- **1日の売上……客数9人×客単価5000円＝4万5000円**
- **1か月の売上………1日の売上4万5000円×営業日数30日＝135万円**
- **年間売上………月の売上135万円×12か月＝1620万円**

（※従業員を複数人雇って、休日を設けることなく月30日稼働した場合）

1時間に1人の集客は決して難しくありません。出店場所の精査に加え、集客・接客の仕組みを整備しておけば、誰でも無理なく実現できます。工夫次第で客数や客単価をさらに伸ばすことも可能です。

「でも人件費がかかるし……」と思われる方もいるでしょう。おっしゃる通り、サロン経営の肝は人件費にあります。美容院、ネイルサロン、エステなどのサロン経営をイメージしていただくとわかりやすいのですが、それぞれ有資格者あるいは一定の技術を持った人を採用する必要があります。また、お客様1人に対してスタッフが1人つかなければならず、席数が増えれば人件費も増えていきます。だから採用に苦労したり、高額な人件費がネックになったりするケースが多いのです。

一方で、セルフホワイトニングサロン経営にはそうした心配がありません。なぜならセルフホワイトニングサロンで働くスタッフには、資格が必要ないからです。

そもそも歯のホワイトニングには、歯科医院で行う「オフィスホワイトニング」と美容系の「セルフホワイトニング」があります。他人の口の中に手を入れるには歯科医師や歯科衛生士などの資格が必要なのですが、セルフホワイトニングのスタッフは直接施術をしないため、資格は不要。しかも1人のスタッフで複数のお客様に対応できるので、席の増設に伴う人件費の増加に悩まされることもありません。

以上のような利点があるため、ホワイトニングサロン経営は安定的に高収益を実現しやすい「儲かるビジネス」と言えるのです。

▼本書の構成

本書は、免許や資格が必要なく、誰でも開業できる「セルフホワイトニングサロン」の経営手法をお伝えする、唯一無二の本です。セルフホワイトニングサロン市場は急速に拡大しており、今がまさにチャンス。有望なビジネスで積極的に稼ぎたい人は、ぜひ、本書をじっくり読んでみてください。

内容としては、私が実践しているノウハウはもちろん、フランチャイズの加盟店に指導している成功の秘訣やマニュアルの中身をふんだんに盛り込んでいます。セルフホワイトニングサロン経営で成功するために必要なエッセンスを、読者の皆さまに余すところなくお伝えできれば幸いです。

本書の構成は次の通りです。

まず、冒頭で「セルフホワイトニングQ&A」と題して、多くの方が思うであろう疑問——誰でもセルフホワイトニングサロンのオーナーになれるのか？　開業までには何をすべきで、費用はどのくらいかかる？　集客法は？　従業員はどのくらい雇うべき？　セルフホワイトニングによって歯の健康被害を出す恐れはない？——などについて、簡単にお答えします。回答のさらに詳しい内容については、各章の該当箇所を読み進めていただけるようにしています。

序章では、私がセルフホワイトニングサロンに出会った経緯について、ストーリー形式で紹介しています。なぜ私がセルフホワイトニングに出会い、惹かれ、事業として取り組むようになったのかを、追体験していただければと思います。

第1章では、セルフホワイトニングサロンの優位性について、主に経営的な観点から解説しています。例えば「他のサロン経営との比較」「人件費を含む諸経費の中身」「セルフホワイトニングサロンの市場性」などについて、具体的な数字を紹介。ぜひこの章で基本的なイメージをつかんでみてください。また、第1章の後には、章末コラムとして、「ホワイトニングの歴史」についてコンパクトにつづっています。

第2章では、セルフホワイトニングサロンにおけるオーナーの仕事（経営とお金の心得）について解説しています。例えば「必要な知識」「1日の流れ」「売上や利益についての意識」などに加え、私自身の事例やそれに伴う注意点などにも言及しています。

第3章では、セルフホワイトニングサロンを開業する際のステップを紹介しています。手順としては7つにまとめ、例えば「事業計画」「物件探し」「資金計画」などがあります。セルフホワイトニングサロンの開業をより具体的に検討する際に、ぜひ参考にしてください。

第4章では、セルフホワイトニングサロン経営の要諦《ようてい》である「集客」について解説しています。例えば「無料で使える集客方法」「ウェブサイトの作成と運用」「理想的な来店パターンの作り方」などです。加えて、InstagramやＬＩＮＥ公式アカウントの利用方法など、個別の施策も紹介しています。

第5章では、セルフホワイトニングサロン経営において集客とともに大事な「接客」について解説しています。例えば「お客様への対応」「人材採用」「人材育成」などです。セルフホワイトニングサロン経営に欠かせない人材の問題について、ぜひ本章で学んでみてください。

本書を通じて1人でも多くの方がセルフホワイトニングサロンに興味を持ってくださったら、著者として望外の幸せです。

Contents

序章　セルフホワイトニングとの出会い

第1章　セルフホワイトニングサロン経営の優位性
——他のサロン経営との比較

Column

第2章 セルフホワイトニングサロンにおける「経営とお金」の知識

第3章 セルフホワイトニングサロン開業までの「7ステップ」

第4章 セルフホワイトニングサロン経営における「集客」の極意

第5章 セルフホワイトニングサロン経営における「接客」の極意

セルフホワイトニングサロンQ&A

Q1 なぜ「セルフホワイトニングサロン経営」がオススメなのですか？

本書では、美容系サロン経営の中でも「セルフホワイトニングサロン」をオススメしています。その理由は以下の3つです。

1つ目は「資格やスキルが必要ない」こと。歯科で行うオフィスホワイトニングとは異なり、歯科医師または歯科衛生士の資格は必要ありません。施術はお客様自身が行うため、ネイルサロンや美容サロンのようにスキルを身につけることなく始められます。

2つ目は「競争率が高くない」こと。日本国内の美容院の数が約26万（2021年）、ネイルサロンが約3万（2021年）、歯科医院が約6万7000（2024年）なのに対し、業界シェアナンバーワンのホワイトニングマシン会社（株式会社シャリオン）のマシン導入店舗は7000どまり（2023年）（※）。それだけ店舗が少なく、競争が激しく

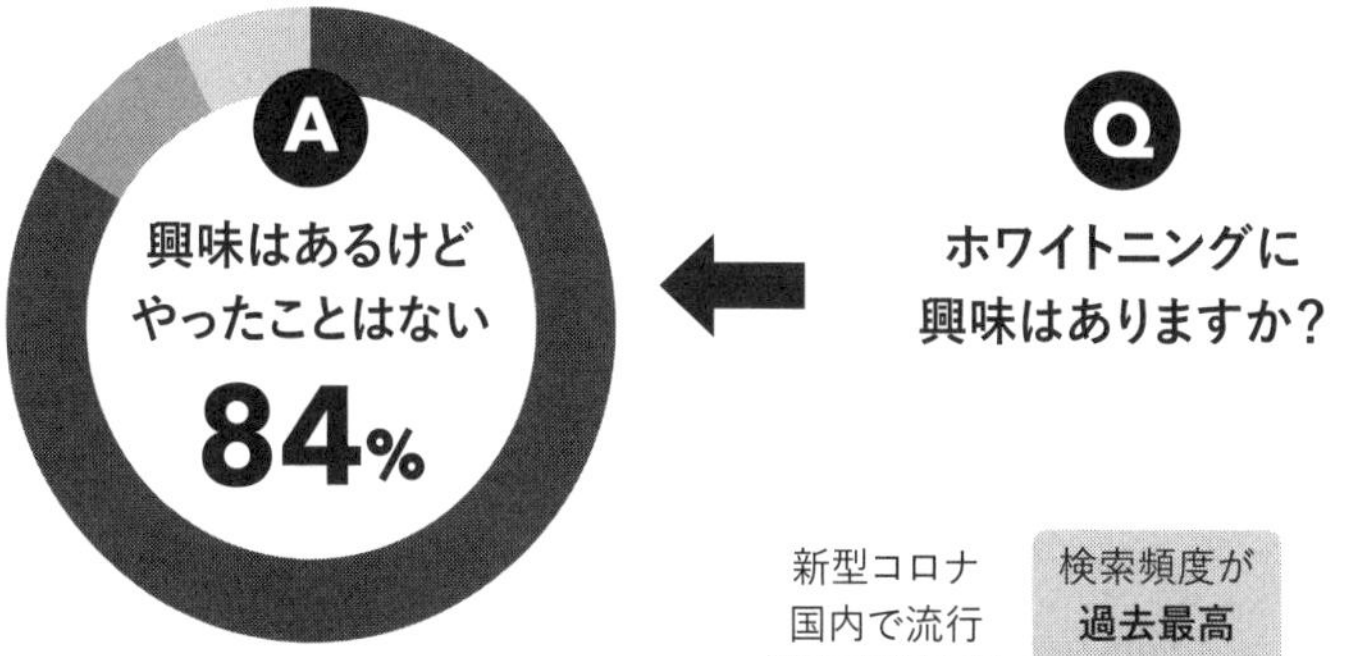

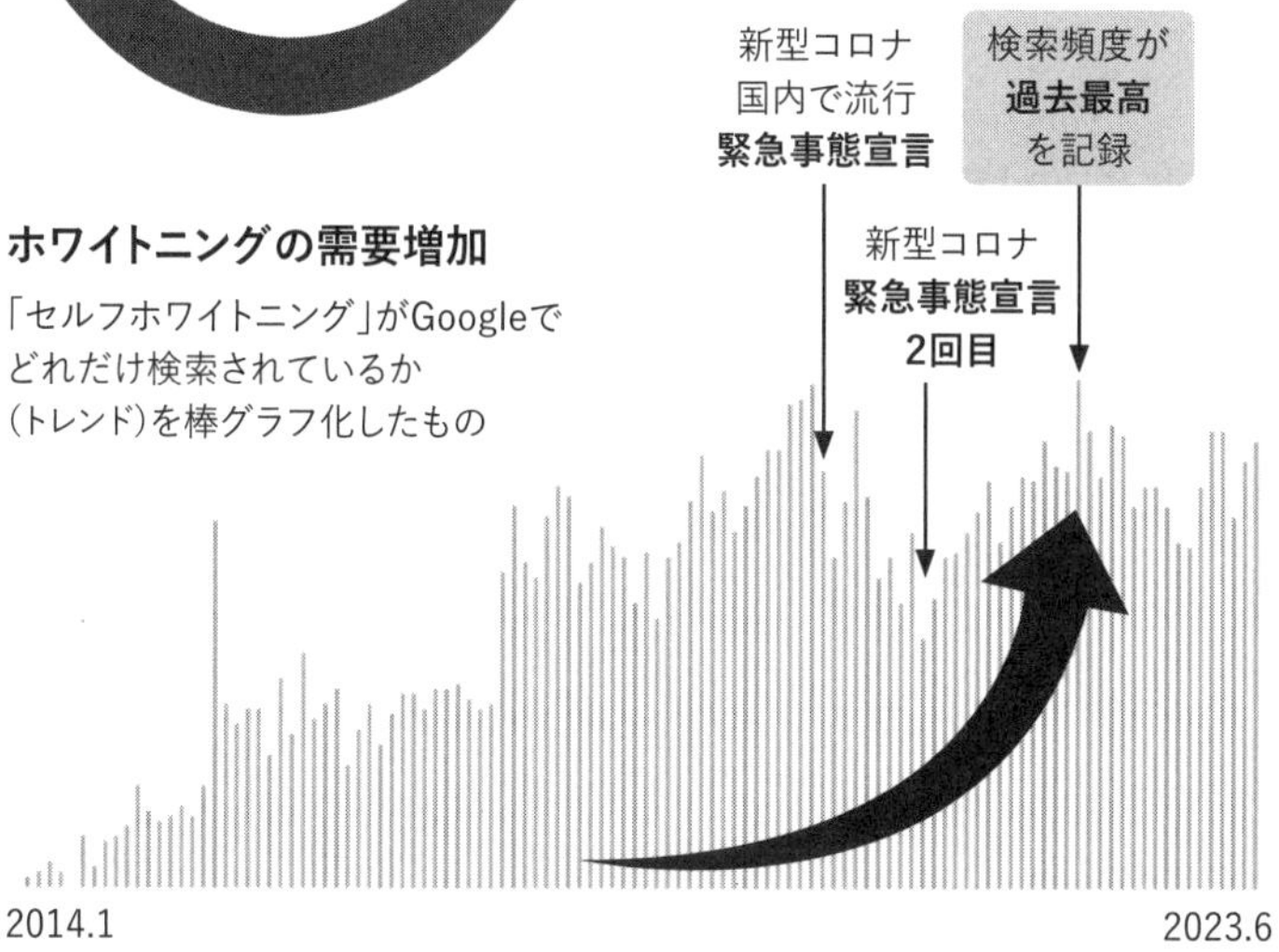

※「シャリオン概要資料」（2023年6月28日）より

ないのでチャンスです。

3つ目は「市場の拡大が期待できる」こと。新型コロナウイルス感染症が収束してマスクを外す人が増えた結果、美意識や白い歯への需要が高まっています。中でも短時間・低価格で行えるセルフホワイトニングは、「コスパ（コストパフォーマンス）」「タイパ（タイムパフォーマンス）」時代にマッチしています。

↓詳しくは第1章へ

Q2 誰でもセルフホワイトニングサロンのオーナーになれますか？

はい、なれます！

初期投資は必要ですが（Q4参照）、スキルや経験はなくても大丈夫。集客や接客や採用も、やりながら覚えていけば問題ありません。

独立開業を希望する方はもちろん、会社員の方が副業として始めることも可能。弊社「ホワイトニングカフェ」でも、全体の15～20％の方が副業としてFC（フランチャイズチェーン）オーナーになっています。

↓詳しくは第2章へ

Q3 開業までの流れを教えてください。

やることは大きく3つに分類できます。

1．計画

2. 準備
3. 開店
このうち「計画」には、店舗名の策定や料金設定などがあります。

また「準備」には、物件探しや資金計画、内装工事が含まれます。

最後の「開店」は、店舗のオープンと運営、集客などです。
→詳しくは第3章へ

Q4 開業にはどのくらい費用がかかりますか？

「どこに出店するか」「規模（席数）はどうするか」「FCに加盟するか」などにより、必要な費用（初期投資額）が変わります。

開業するだけなら、専用のセルフホワイトニングマシン（約100万円より。安価なものもありますがオススメしません）1台と場所代だけで始めることもできます。私も最初はそうでした。

内外装にこだわったり、最初からスタッフを採用したりする場合は、その分の資金も用意する必要があります。

資金に余裕がある人は金融機関から融資を受けなくても大丈夫ですが、私は融資を受けることも含めて「３００万円から始める資金計画」を推奨しています。

→詳しくは第３章Ｐ１０８へ

Q5 お店を出す場所は、何を基準に決めればいいですか？

他のサロン経営と同様に、セルフホワイトニングサロンも「出店エリア」が非常に重要です。

電車で通勤・通学するのが一般的な都市部であれば、「駅の利用者数（乗降人数10万人以上）」と「駅からの距離（徒歩10分以内）」がポイントに。

自動車で通勤・通学するエリアであれば、「街の昼間《ちゅうかん》人口（10万人以上）」と「幹線道路の状況（駐車場の有無、渋滞、右左折禁止がないかなど）」をチェックすべきでしょう。

隣の市区町村からも集客できそうであれば、同じ市内や区内に2店舗出すのもアリです。

その場合は「商圏人口20万人ごとに1店舗」が基準です。

↓詳しくは第３章Ｐ１０５へ

Q6 集客できるか不安です……。

「20代前後の男女」が主な顧客のセルフホワイトニングサロンは、インターネットを活用した集客がメインです。

具体的には「ウェブサイト」「予約システム」に加え、「ＳＮＳ」「Google ビジネスプロフィール」「ホットペッパービューティー」などを活用し、ＳＥＯ対策（Google 検索で上位表示されるための施策）も行います。

最初は難しく感じられるかもしれませんが、慣れればカンタンです。私も開業後に慌てて対策しましたが、初年度だけで約２５００名を集客できています。

↓詳しくは第３章Ｐ１２４へ

Q7 従業員はどのくらい雇えばいいですか？

オーナーがお店に立てば、スタッフは採用しなくても大丈夫。ただし、フルタイムで働く必要があります（「ホワイトニングカフェ」のＦＣでは、原則1日8時間、週5日勤務（週休2日））。

オーナーの休みを増やしたり店休日を減らしたりしたい場合、スタッフを採用します。人材採用や研修、接客マニュアルの準備などやることはありますが、一度仕組みを作ってしまえばあとは管理するだけ。

店長を採用したり育成したりすれば、採用・研修・管理を任せることもでき、オーナーは数字のチェックや多店舗展開などの経営業務に集中できます。

本業が別にあり副業として始める場合は、スタッフの採用をオススメします。

↓詳しくは第3章Ｐ１１９へ

Q8 セルフホワイトニングで歯の健康被害は出ませんか？

歯科でのホワイトニングでは、医薬品（過酸化水素）の使用によって歯茎が炎症を起こしたケースが報告されています。

弊社ではこれまで、健康被害の報告は一切ありません。

使用している溶液の主成分は化粧品として登録済みの「酸化チタン」なので人体にも安全。虫歯治療中の方や差し歯などの「人工歯」がある方でも安心してお使いいただけます。

「歯科との連携」「歯科衛生士による知識の研修」なども進めており、法令遵守を徹底しています。

↓詳しくは第1章P62へ

序章

セルフホワイトニングとの出会い

◆始めた動機は、「モテたい！」の一心

ホワイトニングをすると〝モテる〟らしい――。

２０１５年８月。地元、神戸三宮。

貿易業を立ち上げて3年、経営も軌道に乗り、時間に余裕が出てきた頃のことです。猛暑で歪む繁華街のビル群を視界に入れながら、私はホワイトニングの施術を受けようと歯医者の門をたたきました。院内は冷えていたにもかかわらず、肌の表面にはうっすらと汗がにじみ、指先は小刻みに震えていたかもしれません。

最後に歯医者を訪れたのは、学生の頃か、それとももっと前か。だとしたら10年以上ぶりか……。

それなのに、あの日あの場所での体験は、私の心にハッキリと残っていたのです。

――

（10代の頃のある日……）

「佐藤さんどーぞー」

薬品の独特な臭いに包まれた室内、狭い半個室の椅子に寝かされて、周囲では「ウィーン！！！」「キーン！！！」といった、耳にも頭にも不快な音が鳴り響く。その音に囲まれただけで、なんだかこちらまで奥歯がうずいてくる。しかもすぐそばでは、先生がスタッフを叱りつけていた。患者がいるというのに……。

「それじゃあ、始めましょうか」

グッと顎《あご》を持ち上げられ、眼前には強烈な白い光が迫り、言われた通りに口を開けた途端、銀色の何かがヌッと伸びてきてガチャガチャと口内をかき回される。

「あーこれはひどいね」

「どうしてこんなになるまでほっといたの！」

どうやら咎《とが》められているらしい。スタッフだけでなく客までも叱りつけるというのか。

返答できずにいると、すぐそばであの音が鳴り響いた。横目で見ると、尖った先端が高速で回転する何かがゆっくりと私のほうに近づいてきて……。

「痛かったら手を上げてくださいね」

私は静かに手を上げた。

「はい。もう少しだから我慢してくださいね」

何も考えられない。また手を上げる。

「……はいはい、もう少しもう少し……」

……そうか。

手を上げても何も変わらないんだ。

この痛みには耐えるしかないんだ……。

「それじゃあ来週、また来てくださいね」

「あのぉ……。何回ぐらい通えばいいんでしょうか……？」

「そりゃあもちろん、治るまでですよ！」

「……」


――

あんな思いは二度としたくない。

歯医者になんか行くものか！

そう誓ったはずの私が、30歳になって再び歯医者に行った理由、それは「モテたい」の一心でした。

ホワイトニングをするとモテる。

それは、多くの芸能人やスポーツ選手が証明しています。私の知人でも、ファッションに気を使う、体を鍛えることに加え、ホワイトニングをすることで周囲の評価が良くなったという人もいました。中には芸能人と付き合うことができたという人も……。

「歯医者に行くのは怖いけれど……、ホワイトニングは虫歯の治療とは違うし、きっと平気だろう」

でも――、やっぱりホワイトニングの施術も痛かったのです。

◆歯科でのホワイトニングは、痛いし食事制限も……

歯科で行われるホワイトニングは「オフィスホワイトニング」と呼ばれています。

歯の表面に漂白効果のあるホワイトニング剤を塗り、レーザーなどで光を照射して歯を白くする方法です。

ホワイトニング剤の主成分は即効性の高い「過酸化水素」で、扱えるのは歯科医療機関（歯科医師および歯科衛生士）のみ。

これに熱を加えて活性化させることで酸素と水に分解し、その際に発生する「活性酸素」が歯の着色の原因である「有機着色物」を分解してトーンを明るくする仕組みです。

それがなぜ痛みを伴うのか。

理由はいくつかあるようですが、「虫歯がある」「歯周病がある」「知覚過敏がある」人は薬剤がしみる場合があります。

私のように「歯医者は痛い！」「歯医者は怖い！」という記憶が脳裏に焼きついている人（通称：歯科恐怖症。日本全国に約５００万人。歯科の患者の約7割が該当するという）も、それが痛みの原因になる可能性があるとのこと。

施術後は食事も制限されます。

施術後30分は飲んだり食べたりしてはならず、同じく24~48時間は、コーヒーやカレーといった色の濃いものを飲んだり食べたりしてはいけません。

なぜなら、施術によって「ペリクル（歯の表面を覆う、無色透明な有機質の膜）」がはがれることで、むしろ歯に色がつきやすく、また、乾燥して刺激を受けやすい状態になっているから。

さらに、一度で白い歯になるわけではなく、白さを実感するには何度も通わなければなりません。歯科でのホワイトニングは、「痛み」と「食事制限」というハードルを越え続ける、固い決意が求められるのです。

帰り際に振り返ると、あのちっぽけな歯科の入口が、天高くそびえる巨大な城壁のように見えました。

◆セルフホワイトニングは、ぜんぜん痛くない！

それでも、やっぱり歯を白くして女の子にモテたい——。

一体、どうすればいいんだろう……。私は途方に暮れました。

「自分のような弱気な人間には、ホワイトニングをする資格がないのか。チャンスは残されていないのか……」

もし神様がいたとしたら、そんな私の切実な思いを受け止めてくれたのかもしれません。

2週間後、東京でトータルビューティーサロンを経営していた友人のAからたまたま連絡がきて、「店にセルフホワイトニングを導入したから試してみない？」というのです。

「セルフホワイトニング？」

歯医者でもなかなか効果が出ないのに、セルフで歯が白くなるんだろうか……という疑問を抱きつつ、わらにもすがる思いで行きました。

そこで私は、人生を変える出会いをすることになります。

店の外観は白を基調として清潔感があり、入口のガラスのドアを開けると爽やかな風と明るい照明が心地よく降り注ぐリラックスできる空間。受付には美しい栗色のロングヘアの若い女性がいて、優しく微笑みかけてくれました。

「社長からお話は聞いています。どうぞこちらへ」

「……あのぉ」

「はい」

「……いですか？」

「え？」

「歯医者みたいに痛いですか？」

それを聞いて女の子は、ひまわりのようにニッコリと笑いました。

「ご安心ください。痛みはありません」

施術は嘘のようにカンタンでした。

まず自分で歯磨きをして専用の器具（オープナー）を口に装着し、歯に溶液を塗布して機械でLEDを8分ほど照射するだけ（照射は8分×2回）。最後に仕上げの歯磨きをして終了です。

痛みはまったくなく、遠慮がちに誰かに手を上げる必要もありません。

「もう終わり？　これって、このあと食事制限とかあるの？」

「いいえ。ございません」

めちゃくちゃいいじゃん！！！

Aの店で行われていたのは、医療ではなく美容の（セルフ）ホワイトニングです。医薬品ではない「ホワイト溶液」を使用するもので、主成分の「無機化合物」は、食料品にも使用される安全なもの。

ブラッシングで仕上げた歯の表面に対し、付着した汚れや色素を分解・除去していく方法なので、痛みはまったくありません。

心なしか、歯が白くなっているのも感じられました。

しかもこれらの過程は、すべて自分（セルフ）で行うことができます。

それだけではありません。

私自身が当時行った歯科でのホワイトニングは1回あたり1万5000円でしたが、セルフホワイトニングならその半額以下。

オーラルケア事業を行う「株式会社シャリオン」の調査によると、オフィスホワイトニングの相場は1回あたり1万~7万円程度なのに対し、サロンで行うセルフホワイトニングは5000円ほどと安上がりです。

「これなら気軽に通えそうだ!」

こうして私は、セルフホワイトニングとの劇的な出会いを果たしたのです。

◆自分の歯を白くしたくてホワイトニングマシンを購入!

神戸に戻り、私はさっそくセルフホワイトニングサロンを検索してみました。しかし、はやる気持ちはあるのに、お店が1軒も見つかりません。

すぐにAに連絡してみました。

「海外には普通にあるけど、日本じゃまだ普及してないからね。東京とか大阪とか、大都市にしかないんじゃない?」

彼の言う通りでした。

当時、セルフホワイトニングサロンがあったのは大都市だけで、そこそこ栄えている三宮にすら進出していなかったのです。

それでも諦めきれずに調べていると、ホワイトニングマシンを販売している日本のサイト（株式会社シャリオン）を発見。価格は100万円前後だったので、思い切って自社（貿易会社）で1台買ってもいいかなと考えていました。

「自分で買えばいつでもセルフホワイトニングができるぞ！」

それからほどなくして、三宮でネイルサロンを経営していた友人Bから連絡が入ります。

「店のスペースが余ってるんだけど、使わない？」

これ幸いと、私は「ちょうどセルフホワイトニングのマシンを買おうと思ってたんだ。君のところで導入してくれたら通うよ」と言いました。するとBは「いやいや、マシンを買うつもりなら自分でサロンやってくれよ！」と返したのです。

「……オレが？　オレがセルフホワイトニングサロンを経営？」

そのとき私は、当初の動機を思い出しました。あれほど怖かった歯医者の扉を、勇気を持って開けたときの、あの「モテたい」という気持ちを。

セルフホワイトニングサロンを経営していると言えば、モテるかもしれない――。

◆4坪から開業し、全国展開へ

2015年10月。

私は友人Bが経営するネイルサロンの一角の4坪ほどの小さなスペースで、神戸初のセルフホワイトニングサロンをスタートしました。

席は1つ、マシンは1台、スタッフはもちろん私だけ。

お店の名前は「ホワイトニングカフェ」。カフェに行くように気軽に来てもらえるお店にしたい、との気持ちを込めました。

「神戸なら集客も楽勝だろう」

そんな私の見立ては、見事に裏切られることになります。

最初の1週間は友人たちが来てくれたのですが、その後はずっと来客ゼロ。ホームページは作っていたのですが、SNSでの宣伝やチラシなどの広告も打っていなかったので、今になって思えば当然の結果です。

しかし、サロン運営の基本すらわかっていなかった私は、有効な手立てを打つことができませんでした。そうしているうちに年が明けて1月になり、3か月連続の赤字が確定。

さすがに「もうやめようかな」と弱気になりました。けれど、自分ではセルフホワイトニングの効果を実感していたこともあり、踏ん切りがつかず、迷った末に占いへ。薄暗い部屋で、黒いローブをまとった老婦が、私の目を見てハッキリとこう言いました。

「あと半年は続けなさい」

単純な私はその言葉を信じ、ＳＮＳでの積極的な発信やホームページの制作など、集客にも力を入れていきます。

とはいえ、先立つものがなく、用意できた広告費はわずか10万円。

それが半年後、どうなったかというと――、客足が途絶えることのない人気サロンとなり、猛烈な巻き返しによって1年目の売上は１０００万円を達成しました。

「これならやっていけそうだ！」

２０１７年に入るとお客様から「店の看板を使いたい」という話があり、神戸元町にＦＣ１号店が誕生。続いて札幌の駅前に直営2店舗目を出店し、２０１９年からＦＣ本部の構築にも本格的に力を入れるようになって加盟店がどんどん増えました。２０２０年には「福岡天神《てんじん》店」、２０２２年には「札幌大通《おおどおり》店」、２０２３年には「アスピア明石《あかし》店（兵庫県）」がオープンし、２０２４年10月現在、グループの総店舗数は60にまで拡大しています。北は北海道から南は沖縄まで、「日本人を口元から元気にしたい」を合言葉に、今後も店舗を増やしていく予定です。

◆白い歯で、自分もまわりも笑顔に

ところで、私の〝当初の思い〟は果たせたのでしょうか。

それは本書を読んでいただければわかります。

「モテる」とはつまり、「人から好印象を持たれる」ということ。誰に対しても気兼ねなく、自信を持って笑顔を見せられることがその第一歩です。

キレイな白い歯が、背中を押してくれます。

施術を受けるだけでももちろん人生の可能性が開けますが、せっかくなら、それを仕事にしてみませんか？　副業でも専業でも、個人事業主でも法人でも、かたちは問いません。

セルフホワイトニングは〝入口〟のようなもの。

私たちにきっかけを与えてくれる、白い大きな、光り輝く入口です。


セルフホワイトニングの世界へようこそ！

第1章

セルフホワイトニングサロン経営の優位性

――他のサロン経営との比較

第1章では、他のサロン経営と比較した場合の「セルフホワイトニングサロンの優位性」とともに、「歯のホワイトニング（以下、ホワイトニング）」に関する基礎知識をご紹介します。

◆セルフホワイトニングサロン経営は「人材」を確保しやすい

もしあなたが美容系サロンを経営したいと思っているのなら、私は断然「セルフホワイトニングサロン」をオススメします。

美容院やエステサロンとは異なり、店舗運営に特別なスキルが必要なく、かつ人材の確保がしやすいためです。

例えば美容院、エステサロン、ネイルサロンなどは、いずれも〝技術を持った人〟が必要です。オーナーが1人で運営する場合はもちろん、他のスタッフを雇用する場合はその人に技術があるか、あるいは技術を身につけてもらわなければなりません。そのため採用できる人の数も限られます。

一方でセルフホワイトニングサロンであれば技術は必要ありません。施術はお客様が行うため、オーナーはもちろん一緒に働くスタッフやパート・アルバイトも未経験者で大丈夫。採用の幅を広げることが可能です。

これらはいずれも「人件費」に関連する事柄なのですが、サロン経営においてはこの人件費が成否を分ける要因になります。

◆他の美容系サロンの苦しい経営状況

「売上－経費＝利益」


ざっくり捉えると、この公式があらゆるビジネスの基本です。利益からは税金が引かれますが、それは経費を上回る売上があっての話。反対に、経費が売上を上回ってしまうと事業自体が成り立ちません。

とくにサロン経営は個人向けのサービス業であり、人が人に対して何らかの役務をするもの（髪を切る、身体のメンテナンスを行う、爪の装飾をするなど）。人材はサービスの提供者であり、その人に支払う報酬（人件費）が経営の肝になります。

例えば美容院の場合、サロンに所属する「直接雇用」とフリーランスの「業務委託」がありますが、業務委託の場合は高い歩合率や好条件を提示しないと技術者が集まりにくく、直接雇用にすると今度は収入面で魅力が大きい業務委託サロンに人が流れてしまうジレンマがあります。そのため人件費が経営を圧迫するケースが多いのです。

そうした事情はネイルサロンやエステサロンでも変わらず、より技術力の高い優秀な人材を確保するため、ただでさえ人材不足の昨今においてより好条件を提示しなければ人が採用できず、最悪の場合は「人手不足倒産」につながります。

東京商工リサーチの調査によると、2024年1〜4月の美容室の倒産件数は46件と前年同期比48・3％増加し、2015年以降で最多となりました。同社はその原因を次のように分析しています。

「コロナ禍が落ち着いた矢先に、円安に伴う美容資材の価格上昇、人手不足、人件費・光熱費の高騰などに見舞われた。コスト転嫁のために美容業界では値上げが続くが、料金に見合った価値がないと判断されると顧客離れにも繋がり、技術力や接客力に加え、ブランディング力もますます問われるようになっている」

エステティック業（脱毛や痩身《そうしん》を目的としたエステサロン）も同様に厳しく、2023年度の倒産件数（負債1000万円以上）は95件と、前年度比69・6％増（1・7倍）。2004年度以降の20年間で最多を記録（同じく東京商工リサーチの調査より）。こちらはコロナ禍後も継続する「販売不振」が主な原因ですが、自宅で施術できるセルフエステにユーザーが流れたことに加え、低価格競争による人件費の負担も倒産要因の1つと分析できます。

ネイルサロン（ネイル専門サロン）も倒産件数が増えている事情は変わらず、帝国データバンクの調査によると２０２０年１～11月の間に19件発生。この時点で２０００年以降最多い２０１４年を上回り、過去最多を更新しました。とくに目立つのはマンションサロンやホームサロンなどの小規模事業者ですが、市場の拡大に伴うネイリストの独立やそれによるさらなる競争の激化など、すでにレッドオーシャン化していることがうかがえます。好条件で人を採用しても独立などによる離脱を防げないことは、他のサロン経営にも共通しています。

一方で、日本におけるセルフホワイトニングサロンは未だ発展段階にあり、自宅でできる簡易的な歯のホワイトニングが普及したことで、むしろ店舗への来店数が増えているように思われます。

それぞれの諸経費に対する人件費割合を見てみると、美容院が35～40%、エステサロンが35%、ネイルサロンは40～45%が目安とされています。

中小企業庁の「令和４年中小企業実態基本調査」に基づく業種別の人件費率は以下のようになっており、各種サロン経営の人件費がいかに大きいかがわかります。

・飲食サービス業（宿泊業含む）：38・0％
・製造業：20・8％
・情報通信業：31・6％
・小売業：13・0％
・卸売業：6・8％

◆明快なマニュアルで「経営の属人性」から脱却

「人件費の高さ（割合）」と「人材の確保」は密接に関連しており、技術の問題も含め、これらをいかに解決するかがサロン経営の要諦です。

では、どうすればサロン経営における人の諸問題をクリアできるのでしょうか。

答えは簡単で、

・なるべく人件費を抑えられ
・人材が確保しやすく
・施術者に技術が必要ない
サービスを選択すればいいのです。

そこにセルフホワイトニングサロンのポテンシャル（可能性としての力）があります。

私はホワイトニングサロンの経営を始める前に貿易業を営んでおり、そこで経営における数字の重要性を痛感したのですが、その点を踏まえてもセルフホワイトニングサロン経営は十分に魅力があると断言できます。

セルフホワイトニングサロンは8〜16坪（26〜52㎡）ほどのワンフロアを借りて運営するのが一般的で、店内に最低1人のスタッフを配置していればお店を回すことができます。専用の機械を使い、マニュアルに沿ってお客様自身が施術するので、スタッフに技術は必要ありません。

とくに私はマニュアルを重視しており、その理由は「属人性をできるだけなくすこと」にあります。

前職で行っていた貿易に関するコンサルティングやスクール事業は、私が作業しなければ事業として成り立たず、自分に何かあれば業務はストップしてしまいます。それだけにリスクが大きいです。そこから脱却するために、ホワイトニングカフェでは自分がいなくても成り立つ仕組みを整えつつ、再現性を高め、事業全体として属人性を排除する方向へと向かっているのです。

その肝となるのが、現場で働くスタッフが読むマニュアルです。マニュアルは、スタッフが読んで理解でき、かつ実践できる内容でなければなりません。本書でも、当社で使用しているマニュアルの中身を随所で掲載しています。

「はじめに」でも紹介していますが、あらためて売上についても確認しておきましょう。

「1時間に1人」の予約があった場合、平均の売上は次の通りです。

- **1日の客数……………1人×営業時間9時間＝9人**
- **1日の売上……………客数9人×客単価5000円＝4万5000円**
- **1か月の売上…………1日の売上4万5000円×営業日数30日（※）＝135万円**
- **年間売上………………月の売上135万円×12か月＝1620万円**

（※従業員を複数人雇って、休日を設けることなく月30日稼働した場合）

右記は控えめに見た場合の数字です。

実際は集客に力を入れることで客数を伸ばしたり、席数を増やして稼働率を向上させたり、あるいは商品の販売によって客単価を上げたりもしているため、モデルケース（次ページの表）では月額の売上目安を180万円（年間2160万円）としています。

このモデルケースでは、

●席数：３
●スタッフ：フルタイム１名、パート１名
●稼働時間：９時間（１日あたり）
●稼働日数：26日（１か月あたり）

収支モデル　単位：万円(税別)

売上	180
家賃	18
水道光熱費	2
通信費	3
人件費	40
広告費	18
消耗品・商品仕入れ費	18
その他雑費	5
営業利益	76

※フルタイム1名、パート1名、3席、月間26日稼働、1日9時間営業)
※減価償却費は含めず

と、よりリアルな数字で試算しており、諸経費を加味した数字は次のようになります（減価償却費は含めず）。

◆セルフホワイトニングの業務の流れと人件費効率

セルフホワイトニングサービスの流れは店舗によって異なりますが、「ホワイトニングカフェ」では次のようなステップを用意しています。

STEP1 カウンセリング

お客様が来店されたら、アンケート記入などを行ってもらいます。「挨拶と自己紹介」「予約メニューと時間の確認」「来店のきっかけ（来店媒体）確認」「目的確認（白くしたい／黄ばみが気になり始めた理由）」「ホワイトニング経験の有無確認」「規約の確認」「同意書の記入」「親権者同意書の記入（未成年者の場合）」などを含め、資料をもとにカウンセリングを行い、「メニューの紹介」「シェードチェック（歯の色のチェック）」などを実施。ここでの対応がスタッフの主な業務です。

※以下はお客様自身で対応

STEP2　歯磨き

専用の歯磨き粉を使用して、歯の表面を1〜2分間磨き、汚れをしっかり落とします。唇に、乾燥防止のための保湿クリーム（ワセリン）を塗ります。

STEP3　オープナー装着

広範囲にホワイトニング効果を発揮するため、専用のマウスオープナーを装着します。歯の表面の水分や唾液《だえき》をティッシュでしっかり拭き取ります。

STEP4　溶液塗布

ホワイトニング溶液を歯に塗布します。

STEP5　LED照射

LEDライトから目を守るためにアイガードを装着し、LEDを8分間、歯に照射します。LEDはブザーとともに自動で消え、1回目の照射が終了。熱くも痛くもないのでリラックスして眠られる方もいます。LEDから紫外線は出ていないので、日焼けの心配はありません。

STEP6 仕上げの歯磨き

最後に専用のマウストリートメントを使用して歯磨きをします。歯がツルツルして綺麗になったのがわかります。トーンチェック（黄色～白色のトーンの異なる歯のサンプルと、自分の歯を比較しながら測定）で、短時間で痛みもなく、あっという間に白くなった歯を実感していただきます。

※ステップ2の「歯磨き」からステップ5の「LED照射」までを2回繰り返します。LEDの照射は8分間×2回のトータル16分。

このようにセルフホワイトニングサロンは、「未経験のアルバイトやパートでも対応できる仕組みがある」ため、

- **なるべく人件費を抑えられる**

- **人材が確保しやすい**
- **施術者に技術が必要ない**

と、サロン経営の難点である3つの課題をクリアできます。

加えて「人件費効率」の点でも優れており、美容院やエステサロン、ネイルサロンのように「一対一」で施術する必要がありません。席数を1つから3つに増やしても、スタッフは1人で問題なく対応できます。

それでも不安がある方には、オーナーのみでの経営からスタートすることを推奨しています。自分で店頭に立つのであればオーナー以外の人件費はゼロ。人件費や人手不足による倒産リスクを限りなく減らしつつサロン経営を行えます。

また、店舗業務以外の経営業務に自信がない人は、本書で学んでいただくか、あるいは結果を出しているフランチャイズに加盟して、用意されたマニュアルやシステムの活用をオススメします（第3～5章参照）。

✦美容とセルフホワイトニングの業界規模と成長性

▼美容と歯への意識

美容への意識は、若い人ほど高い傾向にあります。

調査会社マイボイスコムが2023年6月に行った「第6回『美容意識と行動』に関するインターネット調査」によると、美容に関心がある人（「関心がある」「まあ関心がある」）は全体の約36％。若年層ほど比率が高く、10～20代では4割を記録。とくに女性の10～30代は強い関心を持つ人の比率が高くなっています。

また、美容のために使うアイテムとしては「歯ブラシ、歯磨き粉、歯間ブラシなど」が53・6％と最も高く、美容への意識と歯のケアは関連していることがうかがえます。

一方、直近1年間に利用した美容関連サービスは「美容室・ヘアサロン」が39・3％と最も高く、女性では約76％。「理容院」は24・7％で男性50代の4割弱、男性60～70代の5割前後が利用しています。

その他にも、女性の10～20代は「脱毛」「まつげパーマ、まつげエクステ、アイサロン」が他の層より高く、「脱毛」は男性の10～20代で1割強となりました（以上、マイボイスコ

美容のために、普段どのようなアイテムを使っていますか？

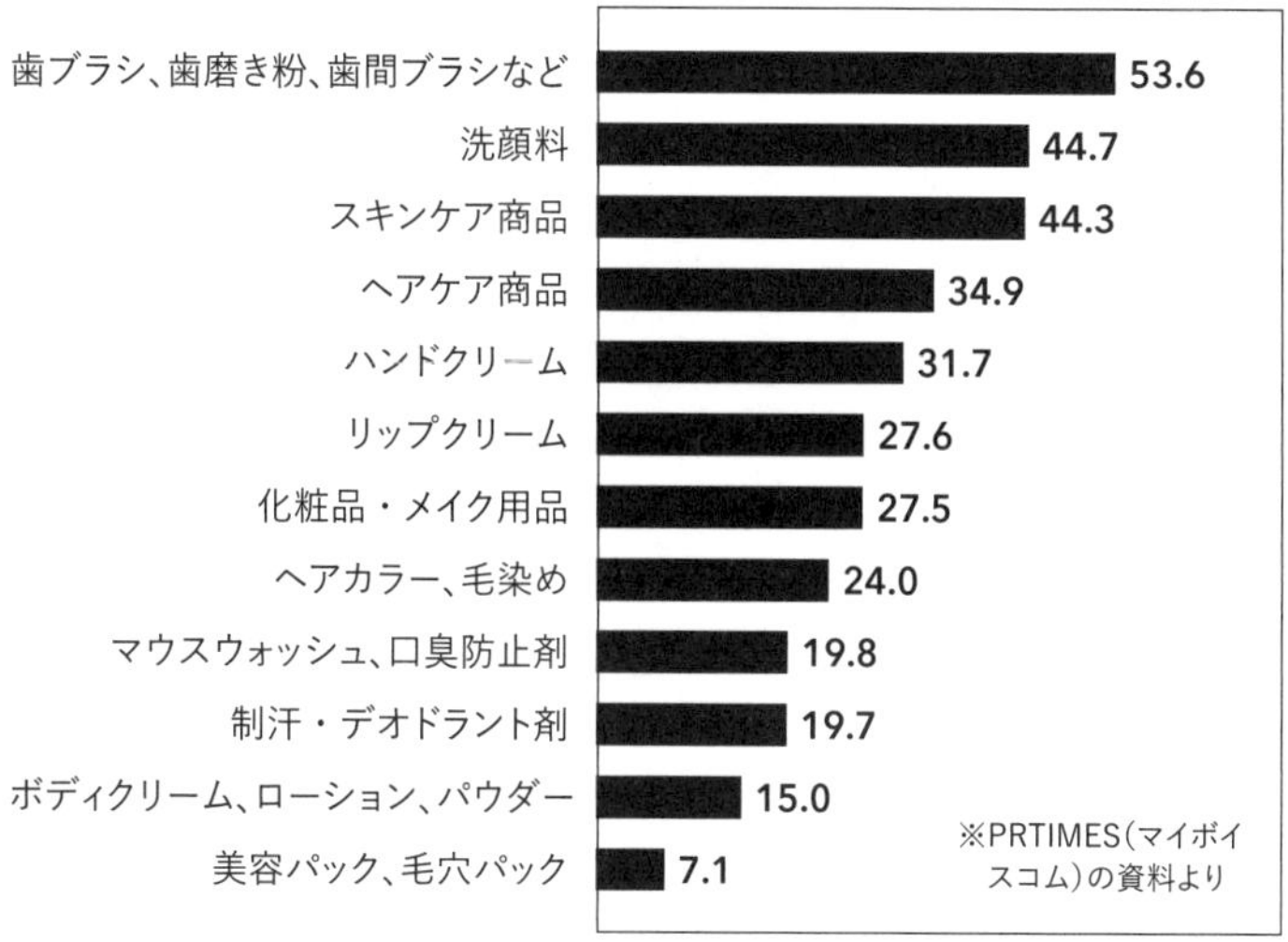

美容に関するサービスで、直近1年間に利用したものはありますか？

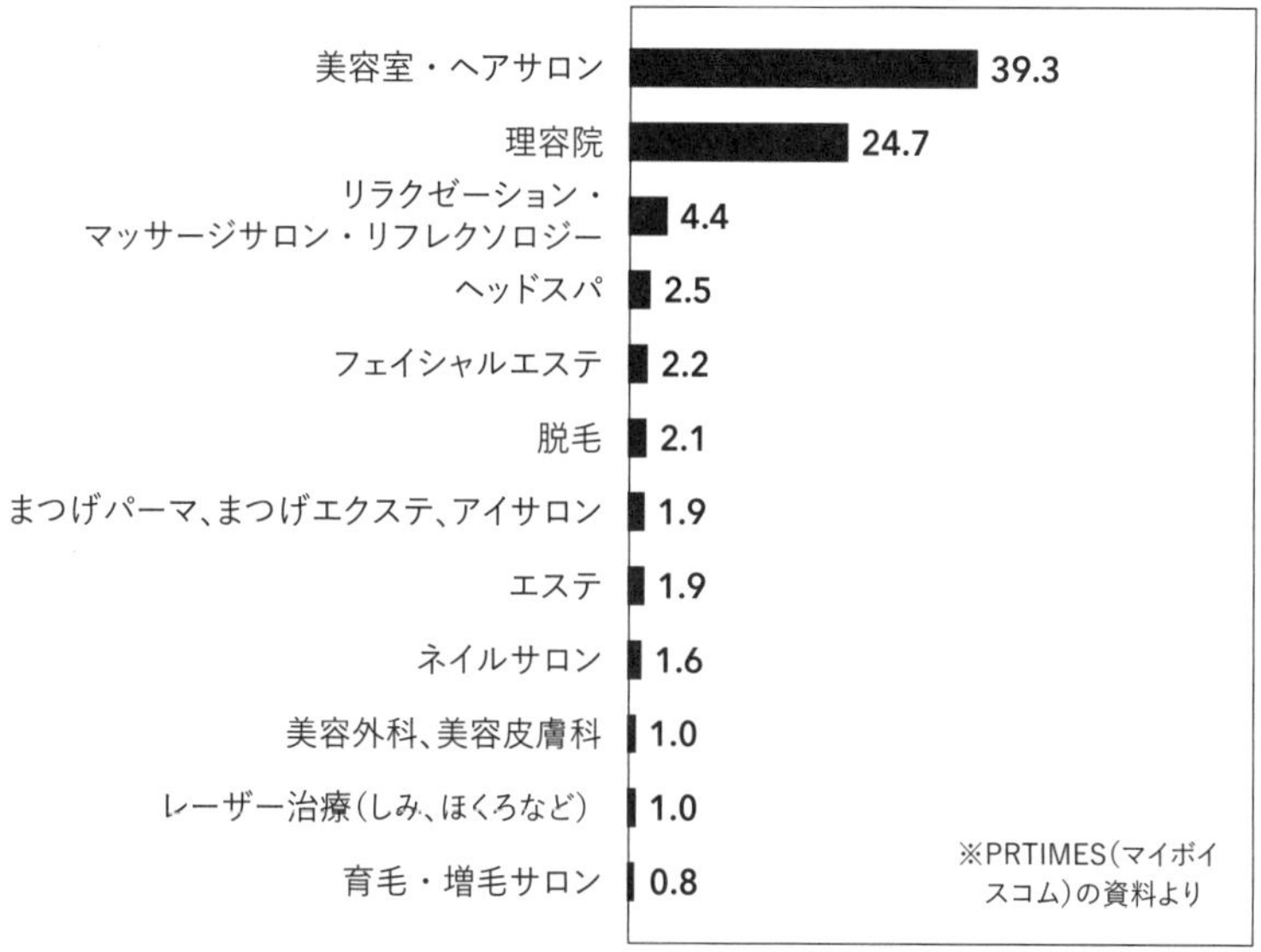

ムの前述の調査による)。

近年では男性用の化粧品やスキンケア商品など、美容グッズも続々と登場していますが、やはり意識が高いのは、外見へのこだわりが強く新しいものが好きな若年層。彼らをいかに取り込めるかが、サロン経営においても重要です。

セルフホワイトニングサロンも同様で、主な顧客ターゲットは20代の男女です(この点が「集客」や「接客」にも関連してくるのですが、それぞれの詳しい内容は第4章、第5章で解説します)。

▼ニーズが満たされていないホワイトニング市場

調査結果からも見て取れるように「美容室・ヘアサロン」「脱毛」「まつげパーマ、まつげエクステ、アイサロン」「エステ」などはすでに認知も広がっており、利用者数も多いぶん競争が加熱しており、前述のような人手不足倒産も起きています。

「セルフホワイトニングサロン」はもちろん、「ホワイトニング」という言葉自体どこにも出てきていません。それは、日本国内における認知がまだ不十分であり、利用者数も多くないためですが、「歯ブラシ、歯磨き粉、歯間ブラシなど」の美容アイテムは多くの人が使っており、ニーズが十分に満たされていない状況がうかがえます。

２０２２年に行われたウェブアンケート「日本人を対象とした歯のホワイトニングに関する意識調査（18歳から69歳までの男女1万人が対象）」では、「歯のホワイトニングに関心がある人」の割合は67・7％なのに対し、「実際にホワイトニングを経験している人」の割合は12・6％と限定的です。関心はあるのに経験できていない状況からは、需要と供給のズレ、つまりビジネスチャンスがあるとわかります。

さらに最近では脱毛サロンやエステ、美容室などでも医療機関以外が提供する「セルフ」タイプのサービスが増加しており、セルフホワイトニングサロンもこれから伸びていくことが期待されます。

▼歯のホワイトニングと健康の関係

日本では１９９０年代の中頃から、芸能人やモデル、海外で仕事をする人を中心にホワイトニングの認知が広がっていきました（Ｐ70のコラム参照）。

２０００年代に入ると、ソーシャルメディア等での有名人の影響、さらには新型コロナウイルス感染症の流行による「オンラインミーティング」の普及で画面に映った自分や相手の顔をじっくりと見る機会が増えたりと、様々な要因によって少しずつ認知が広まります。

一般に普及する過程において、ホワイトニングによって白い歯を手に入れることで自信が生まれ、歯を大切にする意識が高まるという事実も知られるようになりました。

歯への意識は「口腔ケア」にもつながります。

虫歯や歯周病は口腔内の病気にとどまらず、「歯や歯肉の痛み」「歯のぐらつき」「歯の喪失」「よく噛めない」「全身の健康状態の悪化」へと発展する恐れがあり、適切な口腔ケアを心がけることは健康寿命の延伸にも貢献します。食は生活の要であり、歯の健康状態が糖尿病や認知症といった各種病気と関連するためです。

歯科治療を行うのは歯科医院であり、本書で紹介しているセルフホワイトニングは歯科医院で行うオフィスホワイトニングとも異なりますが、歯への意識を高めていく入口としては同じです。

両者は競合するのではなく、それぞれの立場から日本人の口腔衛生を下支えするものだと私は考えています。

▼日本のホワイトニングサロンの歴史と現在

日本で歯のホワイトニング専門サロンが誕生したのは1995年のこと。銀座でオープンした「ティースアート」が最初です。ティースアートは1927年に歯科医師会役員を務めた椿弥十郎が渋谷の道玄坂に開業した「椿歯科医院」を前身とし、孫の椿知之が創設しました。

一方でセルフホワイトニングサロンは、ティースアートから遅れること18年、2013年に原宿でオープンした「WhiteningBAR（ホワイトニングバー）」が日本初とされています。

その後、2015年8月に吉祥寺にできた「SiroQ（シロク）」や、同年10月に事業を開始した弊社「ホワイトニングカフェ」の他、「Cheval Blanc（シュヴァル・ブラン）」（神戸市）や「デンタルラバー」（東京都渋谷区）など徐々に増加。

近年ではエステティックサロンやスポーツジムなどでもセルフホワイトニングサービスを提供する会社が出てきており、手軽さや低価格、短時間で痛みのない施術が行えることから、市場はどんどん成長しています。

▼サロンの市場規模と伸長するホワイトニング市場

「株式会社リクルート　ホットペッパービューティーアカデミー」のまとめによると、2024年時点における「サロン」の市場規模は全体で2兆6496億円。前年比5・3％増と堅調に推移しているのがわかります。

国内のゲーム市場やアニメ市場と同水準であり、基礎化粧品とメイクアップ市場を足した数字と同じぐらいの規模感です。

分野別に見ると、

- ヘア（サロン）：１兆３５４３億円
- 理容（サロン）：２７６２億円
- ネイル（サロン）：１３９０億円
- エステ（サロン）：３９４８億円
- リラク（サロン）：３６７４億円
- アイ（サロン）：１１７９億円

となり、ヘアサロンが圧倒的に大きいことがわかります。一方でその他のサロンも決して小さいわけではなく、「まつ毛エクステンション」などを行うアイサロンでも１０００億円を超えており、チャンスは十分にあります。

日本国内の歯のホワイトニング市場はまだデータが出揃っていませんが、世界の歯のホワイトニング市場は２０２２年時点で62億２０００万米ドルと評価されており、２０３１年までに１０６億３０００万米ドルに達すると推定されています（Straits Research「歯のホワイトニング市場規模、トレンド、成長分析２０３２年まで」より)。

その中心は北米やヨーロッパですが、その他にもアジア、ラテンアメリカ、中東やアフリカなどへも人気が広がっており、審美的な意識の高まりに加え、口腔衛生への関心がホワイトニングへとつながっているようです。

２０２４年1月に世界最大級の統計データ会社 Statista が掲載した記事によると、２０２１年にアメリカ人は歯を白くする製品や治療に数十億米ドルを費やしたとのこと。日本人もやがて相応の金額をホワイトニングに費やす可能性は否定できません。

冒頭の「Q＆A」でも簡単に紹介しましたが、新型コロナウイルス感染症の収束による影響も大きく、市場調査会社 Astute Analytica によると２０２１～２０３０年までに歯のホワイトニングの世界市場は、年平均成長率６％以上になると予測されています。

多くの人がマスクを外したことによって、白い歯への関心がより高まったと考えられます。

◆3種の「ホワイトニング」の基礎知識

▼ホワイトニングの3分類

ホワイトニングは、〝医療〟の領域である「オフィスホワイトニング」「ホームホワイトニング」と、〝美容〟の領域である「セルフホワイトニング」の3つに分類されます。

それぞれ「誰が行うのか」「どこで行うのか」「どのホワイトニング剤を使うのか」に違いがあります。

【オフィスホワイトニング】

- 施術者：歯科医師・歯科衛生士（有資格者）
- 施術場所：歯科医院
- 使用する主なホワイトニング剤：過酸化水素

【ホームホワイトニング】

- 施術者：利用者
- 施術場所：自宅など
- 使用する主なホワイトニング剤：過酸化尿素

	オフィスホワイトニング	ホームホワイトニング	セルフホワイトニング（ホワイトニングカフェ）
概要	歯科医院で歯の表面に漂白効果のあるホワイトニング剤を塗り、レーザーなどで光を照射し、歯を白くする方法。 **主成分は即効性の高い「過酸化水素」**。これに熱を加えて活性化させることで、酸素と水に分解し、その分解時に発生する活性酸素（OH-）が歯の着色の原因である有機着色物を分解しトーンを明るくする。 **過酸化物を使用するため、扱えるのは歯科医療機関のみ。**	自分の歯の形に合わせた専用トレー（マウスピース）を作り、それを自宅ではめて、徐々に歯を白くしていく方法。 歯科医院で処方されるホワイトニング用のジェル（薬剤）をマウスピースに流し込み、30分〜2時間装着。 **オフィスホワイトニングに比べて薬剤の濃度が低いため効果はゆっくりだが、薬剤が歯に深く浸透するので白さを長期間保つことができる。**	美容系サロンなどで展開されており、すべての行程をお客様自身で行い、歯を白くする方法。 使用するホワイト溶液の主成分は、無機化合物で食料品などにも用いられる安全なもの。この溶液の力で、ブラッシングで仕上げ表面に付着した汚れ・色素を分解、除去する。 **痛みがなく、低価格+短時間で可能なオーラルケア・歯の美容である。**
メリット	• 医薬品を使用するため1回で大きな効果が期待できる（即効性が高い） • 有資格者である歯科医師、または歯科衛生士による施術であるため、個々人の歯の状態に合ったサービスを受けられる	• 好きな時間に自宅で施術できる • 長期間かけて行うため効果が長持ちしやすい（約6〜12か月） • 薬品の濃度が低いため、オフィスホワイトニングより痛みが少ない	• ホワイト溶液は歯に負担がないため、歯が痛んだりしみたりしない • 低価格（1回あたり約500〜5000円）、短時間（1回あたり約30分）で一定の効果を期待できる • 食事制限がない • 虫歯や人工歯にも施術可
デメリット	• 再着色（色戻り）が起こりやすい（効果持続は約3〜6か月） • 比較的高額（1回あたり約1万〜7万円） • 医薬品による痛みを伴う場合がある • 食事制限がある • 虫歯や人工歯には施術不可 • 歯医者が怖い人にはハードルが高い	• 1回あたり30分〜2時間を継続的に（約1〜2か月）行う必要がある（毎日行っても効果の実感まで最短約2週間はかかる） • 繰り返し行うため、総額が高くなりやすい（マウスピース製作費：約1万〜3万円、薬剤費〔7日分〕：約5000〜1万円を2〜4回、トータル約2万〜7万円） • 痛みが出る場合がある • 食事制限がある • 虫歯や人工歯には施術不可	• 歯本来の色味に近づけていくものであり、個人差があるうえ、もともとの歯の明るさ以上に白くはできない • 専門サロンなどで施術する必要がある • 効果の持続期間が短い（約2〜4週間。普段の生活での着色が蓄積していく可能性あり） • 効果を実感し続けるには定期的に通う必要がある

【セルフホワイトニング】

● 施術者：利用者
● 施術場所：セルフホワイトニングサロン
● 使用する主なホワイトニング剤：ポリリン酸・メタリン酸・酸化チタンなど

このうち過酸化水素や過酸化尿素は医薬品に分類されるもので、薬剤による化学反応によって歯を内側から漂白するのが特徴。

過酸化水素の酸素（O）は化学的に不安定な状態にあり、安定な状態のO_2とH_2Oになろうとします。そのO基が歯の表面からエナメル小柱《しょうちゅう》内の色素に作用して脱色する仕組みで、原理は漂白剤と同じです。刺激が強いので歯科医院でしか取り扱えず、ホームホワイトニングではより刺激が弱い過酸化尿素が用いられています。

一方セルフホワイトニングで使われているのは「化粧品」に分類されるもので、歯の表面に付着した汚れを落とす仕組み。汚れの原因となる飲食や喫煙などによる黄ばみを落とし、本来の白さを取り戻します。

右記の違いから、それぞれのホワイトニングには前ページの表のようなメリット・デメリットがあります。

▼その他のホワイトニングについて

その他にも、オフィスホワイトニングとホームホワイトニングを組み合わせて行う「デュアルホワイトニング」があります。

即効性と持続性（約１～２年）を兼ね備えたホワイトニングが行える反面、費用は高額になり（効果が出るまでの目安は約５万～８万円）、着色しやすい飲食物を避けるなどの制約があるのは同じです。

また、外傷や大きな虫歯によって神経がなくなった歯には、歯科医院で「ウォーキングブリーチ」というホワイトニング方法を行う場合もあります。歯の中に高濃度の漂白剤を入れて内側から徐々に白くする方法です。

その他、市販のホワイトニンググッズには「歯のマニュキア」「歯の消しゴム」「歯に貼るシール」に加え、「ＬＥＤ付きのマウスピース」をはめて自宅で行うセルフホワイトニングなどもあります。

Column

ホワイトニングの歴史

ホワイトニングの黎明《れいめい》期

白い歯は、古くから「美と富の象徴」です。古代ローマの歯科医は歯を白く見せるために尿とヤギの乳を使っていたとされ、当時から「いかに歯を白く見せるか」という意識があったことがうかがえます。

「ホワイトニング」という言葉が初めて登場したのは1850年頃で、アメリカの歯科雑誌でした。

それまでは「ミョウバン」を使用して歯の着色を落とし、白くする方法しかなかったのですが、当該《とうがい》記事では、塩素系漂白剤である「さらし粉」や「次亜塩素酸ナトリウム」による失活歯（神経が停止している、または神経を取った歯）の漂白法が記されています。文献上、世界初のホワイトニング治療です。

日本は当時、ペリー来航（1853年）によって幕末へと向かっていきますが、すでにアメリカではホワイトニングが行われており、来日したペリー提督やイギリス外交官アーネスト・サトウなどが日本人女性の「お歯黒」に嫌悪感を示していたそう。

「過酸化水素」に光を当てて歯を白くする方法

は、1918年に日光浴をしていたウィリアム・クルスマイヤー博士によって偶然発見されました。

その後失活歯の治療は、1963年に「過酸化水素」と「過ホウ酸ナトリウム」をペースト状にして歯《し》髄腔《ずいこう》（歯の神経が入っていた空洞）に塗布する方法が確立。

「ウォーキングブリーチ」と呼ばれるこの治療法は、現在でも失活歯漂白法の基本とされています。

神経を抜かないホワイトニングの誕生

ウォーキングブリーチ法は、歯を白くするために神経を抜かなければなりません（あるいは神経を抜いた歯に対して行う）。患者に負担が大きく、治療中だけでなく治療後も痛みが出る恐れがあり、一般にはあまり普及しませんでした。

そこで検討を重ねられてきたのが生活歯（神経が生きている歯）への漂白法です。

19世紀後半にかけ、「シュウ酸」を使用して歯の表面のエナメル質を溶かす漂白法が開発されます。

1910年代には歯のフッ素症（フッ化物の過剰摂取で、歯に褐色の斑点やシミができる症状）が初めて報告され、生活歯の色味や審美性に対する関心が高まります。

1920年代後半には「ピロゾン（過酸化エーテル）」を含むマウスウォッシュが虫歯を減らして歯を白く見せることが判明。

1940年代から50年代には「過酸化水素」がホワイトニングに使用されるようになりました。

50年代から出現した「テトラサイクリン系抗菌薬服用」による歯の変色は、フッ素症歯以上に歯の審美性を損なわせる原因となり、1963年にアメリカFDA（食品医薬品局）が妊産婦や乳幼児への服用に警告を発したにもかかわらず、患者数は増加。

「過酸化水素水」に加え、強力なライトを照射して漂白する治療を行うも効果は芳しくなく、歯を削って白い冠を被せる治療法が行われました。

歯科と自宅の二手に分かれるホワイトニング

1960年代になると、それまで歯肉炎の治療に使用されていた「過酸化尿素」の漂白効果が注目されるようになります。

60年代後半、アメリカのアーカンソー州フォートスミスの歯列矯正医ウィリアム・クルスマイヤー博士が「カスタムトレイ漂白法」を導入。カスタムトレイとは、個人の歯型に合わせて作られるマウスピースのことです。

1989年になると、ヘイウッド博士とヘイマン博士が「10％過酸化尿素」をナイトガード（夜間の歯ぎしりや歯の食いしばりを予防するマウスピース）に入れて用いる「ホームホワイトニング」を発表。

両氏の研究を元に、1989年にアメリカのOmni社から世界初のホワイトニング剤「White & Brite（ホワイトアンドブライト）」が発売されます。

ここからホワイトニングは、高濃度の過酸化水素を用いて〝歯科医院〟で行う「オフィスホワイトニング」と、過酸化尿素とカスタムトレイを用いて〝自宅〟で行う「ホームホワイトニング」の2つに分類されていきます。

オフィスホワイトニング剤開発の歩み

オフィスホワイトニングのうち、生活歯を白くする薬剤を開発したのは日本のメーカー松風《しょうふう》です。商品名は「HiLite（ハイライト）」。発売されたのは1991年のことです。開発には安全性を考慮して動物テストや臨床治験に約5年の歳月をかけたと言います。

ハイライトは歯に過酸化水素を塗り、ハロゲンライトを照射して歯を白くするもの。発売後、アメリカではまたたく間にブームとなりました。

その後もオフィスホワイトニング剤は改良が重ねられていきます。

照射方法もハロゲンライトからレーザー（レーザーホワイトニング）、プラズマ、キセノン、アーチ型（ビヨンド、ズーム、ブライトスマイルなど）、LED（ティオン、ルマクール）へと進化。

一方で日本では厚生省（当時）の壁が厚く、ハイライト使用の認可が下りたのはアメリカに遅れること7年の98年5月でした。

それまでは強い酸で歯の表面を脱灰《だっかい》（エナメル質からリンやカルシウムが溶け出す状態）してから高濃度の過酸化水素水を使う方法が用いられており、歯へのダメージが懸念されていました。

ハイライトの認可が下りてようやく、生活歯へのオフィスホワイトニングに対するハードルが少し下がったのですが、現在でもオフィスホワイトニングをするのは一部の人に限られており、大きな話題を集めるには至っていません。

ハイライトは、日本国内で薬事の許可が下りている唯一のオフィスホワイトニング剤として独占状態が続きます。その後2006年に日本企業のモリタ社の「ピレーネ」が、2010年には酸化チタンを使用した同じく日本企業であるジーシー社の「ティオン」が厚生労働省に認可されます。

　２０１０年代になると、ポリリン酸を使用した「ポリリンプラチナホワイトニング」が日本国内で普及し始め、現在では様々なオフィスホワイトニング剤が使用されています。

ＣＭを機に広がるホワイトニングへの意識

　オフィスホワイトニングの普及が低調な日本でも、ホワイトニング自体への関心は１９９０年代の中頃から徐々に高まっていきます。

　95年に放送された株式会社サンギの歯磨き粉「アパガード」のテレビＣＭでは、俳優の東幹久さんと高岡早紀さんが共演し、そこで使われていた「芸能人は歯が命」というキャッチコピーは同年の流行語大賞にも選出。

　このＣＭがきっかけで8月1日を「歯が命の日」と制定する会社も出るなど、社会現象にまで発展しました。

　２００１年にはアメリカで製造された「ナイトホワイトエクセル」が、日本初のホームホワイトニング剤として厚生労働省に認可されます。

　当時アメリカでは、改良版の「ナイトホワイトエクセル３」が販売されており、日本で使用するために旧タイプのナイトホワイトエクセルの製造を再開させたかたちです。

　その後、２００５年に「松風ハイライトシェードアップ」、２００６年にアメリカ製の「オパールエッセンス」、２００９年に日本製の「ティオン」が厚生労働省に認可されました。

　現在、アメリカでは15～20％と高濃度のホームホワイトニング剤が使用されている一方、日本では濃度10％のものが認可されています。

第2章

セルフホワイトニングサロンにおける「経営とお金」の知識

第2章では、セルフホワイトニングサロン経営を行う際の「オーナーの心得」を紹介します。技術や経験のない素人でもオーナーにはなれますが、セルフホワイトニングサロン経営を成功させるにはいくつかの点に注意が必要なのです。

◆オーナーに求められる種々のスキル

2024年6月3日、「集英社オンライン」に「美容室倒産の最大の理由は開業準備不足」というタイトルの記事が掲載されました。その記事内で、なかしま税務労務事務所の税理士・中嶋政雄氏は次のようにコメントしています。

「多くの美容師は、経営の知識を得る機会がないまま独立を目指してしまうのが実状です。美容室のような来店型サービス業は、お客さまに来てもらうことが前提のビジネスなので、経営の知識がない状態で多額の借金をして店舗を持つのは非常にリスクが高いんです。26万軒を超える熾烈な競争状態にある美容業界。『夢の実現のために自分のお店を』『オープンしてから頑張ろう』で生き残れるほど甘くはありません。オープンまでにどれだけ準備が出来たのか。『おしゃれな店を作りたい』『コンセプトにこだわりたい』という考え方を優先し勝つための準備をせずにオープンしてしまったことが、今の倒産数増加の大きな要因につながっていると思います」

前章でセルフホワイトニングサロン市場の優位性を紹介しましたが、それはあくまで他のサロン経営より「チャンスがある」ということ。それだけでセルフホワイトニングサロン経営が必ずしもうまくいくわけではなく、オーナー（経営者）として、最低限の能力は身につけておく必要があります。

上記のコメントを分析すると、オーナーに求められるスキルは

- **経営の知識（店舗運営のノウハウ）**
- **お金の知識（借金〔金融機関からの融資〕を含む）**
- **集客力（お客様に来てもらうこと〔一見客〕）**
- **接客力（お客様に再度来てもらうこと〔リピーター〕）**
- **勝つための準備（オープンまでの一連の流れを戦略的に構築する）**

などであることがわかります。

これは私の経験とも一致している見解で、当初は「店舗運営のノウハウ」「集客力」「接客力」「勝つための準備」がなかったので非常に苦労しました。最悪の場合、倒産する可能性もあったのですが、すでに貿易業を成功させていたので「お金の知識」や「経営者としての経験値」でカバーすることができ、残りのスキルは走りながら学びました。

本書の読者は、私と同じような苦労をする必要はありません。いたずらに倒産リスクを高めるのではなく、事前に本書を読むことによってセルフホワイトニングサロン経営の確度を高め、外堀を埋めるようにして慎重に進めていただければと思います。

本章では主に「経営とお金の知識」について解説し、第3章では「勝つための準備」（開業までの7ステップ）を、第4章で「集客」、第5章で「接客」について詳しく述べていきます。

◆セルフホワイトニングサロンの1日

経営の知識（店舗運営のノウハウ）を学ぶには、まず現場を知る必要があります。

弊社「ホワイトニングカフェ」の例をもとに、セルフホワイトニングサロンの1日を見ていきましょう。作業は大きく「1．朝の準備」「2．営業中の作業」「3．締めの作業」の3つに分類されます。

1．朝の準備

開店時間の15分前（10時開店であれば9時45分）には出勤して朝の準備を実施します。その際に店舗外の目につくゴミを拾っておくとお客様の印象も良くなります。

店舗の鍵を開けて電気や空調をつけ、制服に着替えて身だしなみをチェック。

次に店内清掃をします。前日に終わらせているケースも多いのですが、最終的な確認も含め、主な清掃箇所は以下の通り。

- **洗面台のボウル内を食器用洗剤とスポンジで洗う**
- **施術道具に不備がないかを確認する**
- **床掃除：クイックルワイパー、掃除機、雑巾《ぞうきん》がけ**
- **トイレ掃除**
- **受付まわりや施術スペース、物販棚を拭く**
- **観葉植物への水やり、エレベーターホールの掃除**

清掃が終わると、「顧客情報」や「日割り売上目標の確認」など、１日の店舗運営に関する数字を確認し、開店時間になったら笑顔でお客様をお迎えします。

2.営業中の作業

営業中の作業は「接客（お客様対応）」「事務作業」「集客のための作業」「その他」に分類できます。スタッフがいる場合は接客を任せられるので、オーナーはそれ以外の業務に集中できます（※接客内容〈サービスの流れ〉については第1章参照）。
それぞれの一例は以下の通り。

【事務作業】

- 日報の記入
- 来店者の情報を記録する統計表の管理
- 売上、顧客リストの管理

【集客作業】

- SNSへの投稿
- Google ビジネスプロフィールへの投稿
- ブログへの投稿

【その他】

- メールやチャットへの返信
- 口コミへの返信
- 電話対応

※適宜、業務の合間に休憩を取ります。昼食休憩後は歯や息のケアを重点的に行います。

3. 締めの作業

締めの作業は、清掃とお金の管理が中心です。

清掃はすべてのお客様が帰られてから行うのがベストですが、ショッピングモールのテナントなど閉店時間に制約がある場合はお客様がいらっしゃる状態で静かに実施します（閉店時間の15分前が目安）。店内の掃き掃除や拭き掃除に加え、タンクの消毒（週に1回はハイターでつけ置き洗い）も行います。

お金の管理は現金出納帳でレジの金額に過不足がないか確認し、必要に応じて預入します。すべて終わったら着替えて空調や電気を切り、店舗の鍵を閉めて終了です。

以上を踏まえると、やるべきことは複雑かつ高度なスキルを要する業務ではなく、基本的な作業の繰り返しであることがわかります。ただし、その全体像をつかんだうえで実施するのと、手探りで行うのでは大きな違いがあります。

店舗運営のコツは「逆算」。つまり日々現場で欠かせない作業をいかに効率的かつ滞りなく実施できるかがポイントです。とくにお客様と接する場面や心証に直接影響する部分については、徹底することで他店舗との差別化になります（差別化については第5章でもう一度触れます）。

◆「必ず儲ける」という経営者マインドを持つ

日々の作業をこなすことは店舗運営の必須事項ですが、そこに終始していては単にスケジュールに沿った行動を取るだけになります。従業員はそれでもいいのですが、オーナーは経営者なので、経営的な観点から各種の施策を講じていく必要があります。

端的に言えば〝結果を出す〟ということ。

経営における結果とはつまり「お金」であり、「数字」であり、「儲ける」ことです。具体的には売上、経費、利益などの数字を元に目標設定と施策の立案、さらには改善と行動を繰り返し、会社を発展させられるかどうかが問われています。

そのために経営戦略やマーケティング、ビジネスモデル、マネタイズの手法などがあるのですが、必ずしも難しい理論を一から学ぶ必要はありません。お金を儲けるためにやるべきことをただやればいいのです。

この〝当たり前〟にどれだけ真摯《しんし》に向き合えるか。それがあらゆるサロン経営の成否を分けます。「ありきたり」「愚直」「平凡な努力」を軽視するオーナーは、本章冒頭の記事にもあったように、どれほど技術があっても優秀な経営者にはなれません。

まずはお金に対する意識を変えること。経営者は儲けてナンボです。法令遵守は当然ですが、ルールの中で常に最善の手を打てるプレイヤーだけが厳しい競争を勝ち抜けます。「セルフホワイトニングサロンはまだ競合が少ない（ブルーオーシャン）から大丈夫」と安易に考えて何もしない人は、経営者失格です。

「お金をいただくことに躊躇《ちゅうちょ》する人はサロン経営に向いていない」。私はそう断言します。お客様に好かれたり、コミュニケーションスキルが高かったりするだけではサロン経営は成功できず、お客様からお金をいただいて売上・利益をきちんと確保することが欠かせません。

例えばこんな人がいます。

「お客様に気に入られればリピーターが増えて売上も増えるぞ！」と考え、経費を考慮せずに商品サンプル（歯ブラシや歯磨き粉など）をプレゼントしまくる。たしかにお客様には喜ばれるかもしれませんが、費用負担が経営を圧迫することは目に見えています。きちんと効果測定をして持続可能な施策かどうかを検討する必要があるでしょう。

あるいは「割引すれば他店よりも選んでもらえるはずだ！」と考え、売上のことを考えずに安易な割引をしてしまう。短期的には集客効果が期待できるかもしれませんが、売上が減れば利益も減り、人件費を含む諸経費にかけられる資金も少なくなり、店舗状況や設備、サービス内容などの質が低下する恐れがあります。

経営は長期戦です。いかに長く存続し、お金を儲けることができるか。経営者は、それが結果的にお客様にも還元されていくという視点を持つべきです。

優良なサービスを提供してきちんと対価をいただくこと、それが事業の継続に不可欠であること、より良いサービスを適正価格で提供し続けていくことはお客様のためでもあること。繰り返しになりますが、これらはすべて「当たり前」です。その当たり前が、経営者マインドの一丁目一番地なのです。

◆セルフホワイトニングサロン経営における「売上の公式」

経営のお金は、1にも2にも「利益」が大事です。売上から経費を差し引いて残った利益が会社の儲けになります。

初期段階では自己資金や調達した資金（金融機関からの融資など）を使っていくことになりますが、お店を回していく原資の中心はお客様からいただく対価の集積（売上）であり、売上がないまま資金がショート（枯渇《こかつ》）してしまえば倒産に至ります。

他方で売上がきちんとあればキャッシュフロー（お金の流れ）も円滑になり、健全な企業体質を構築しやすくなります。

第1章ではビジネスのざっくりとした基本公式として「売上－経費＝利益」を紹介しましたが、より詳しく紹介すると、どんなビジネスでも共通する売上の方程式は次の通りです。

●売上＝客数×成約率×客単価

この計算式からわかるのは、

1．売上は「客数」「成約率」「客単価」の3つの要素から成り立っている
2．3つの要素は〝掛け算〟の関係性にある（足し算ではない）
3．（2の帰結として）いずれかの数字がゼロになると売上もゼロになる

ということ。これらをいかに高められるかが経営者の考えるべき「売上作り」となります。

「客数」に関しては後述する「集客」によって左右されます。より多くの方に知っていただき、店舗に来店したいと思ってもらえるような施策を打つ必要があります。ただ待っているだけでお客様が来るようなことはありません（詳しい内容は第4章で解説します）。

一方で「成約率」に関しては、来店されたお客様が回数券の購入やコースの契約、次回予約につながったかどうかということです。客数が多くても成約率が低ければ穴の開いたバケツに水を注ぎ続けるようなもので、いつまでも売上が安定しません。

成約率の目安はエリアや立地、集客方法などによって異なるので一概には言えませんが、例えばエステサロンの場合は10～30％が目安。この数字は無料カウンセリングのうちの契約数になりますが、セルフホワイトニングサロンの場合は価格が安いこともあり「来店＝施術」になるケースが大半です。そこから回数券の購入やコース契約、次回予約につながった率が60％を超えると売上が安定してきます。

3つ目の「客単価」は、提供するサービスとその価格（単価）に左右されます。通常のセルフホワイトニングに加え、オプションの提供や商品の購入などが発生すると、それだけ客単価も増えていきます。

客単価を高めるには後述する「接客」に力を入れる必要があります。例えば、お客様が求めている「歯を白くすること」に着目し、歯が汚れる原因を紹介したりセルフホワイトニングと同時にホームケアを推奨したりすることによって、お客様の満足度を高めながらより回数が多いメニューの提供やオリジナル商品の販売へとつなげることができます（詳しい内容は第5章で解説します）。

以上のように、まずはセルフホワイトニングサロン経営における売上のイメージをきちんと持つこと。

そのうえで「売上－経費＝利益」の公式を組み合わせると、いくら売上が多くても経費がそれを上回るようでは赤字になってしまい、キャッシュフローは厳しくなることがわかります。経営者はお店の売上を高めるための工夫をしつつ経費を適正な水準に保つことによって利益を得て、安定経営を実現するのがミッションなのです。

◆経費の内訳と原価率

収入（給料）があり、支出（消費）があり、残ったお金を貯金して将来の出費（学費や住宅購入日など）にあてる。どの家庭でも行われている家計簿は、経営における経費の感覚を養うのに適しています。

会社の場合、売上があり、経費があり、残ったお金が内部留保として戦略的な未来への投資（店舗改装、最新設備の導入、人材採用など）に向けられる。違いはそれだけです。仕組みは似ています。

問題は、経費としてどんなことにお金が使われるのかということ。前章でも紹介した「収支モデル」を参考に、ここでセルフホワイトニングサロン経営の経費を確認しておきましょう。

このシミュレーションでは経費の合計が104万円です。最も大きいのは「人件費」で40万円、次いで「家賃」「広告費」「消耗品・商品仕入れ費」がともに18万円で、「その他雑費」が5万円、「通信費」が3万円、「水道光熱費」が2万円です。

これらの経費は「変動費」と「固定費」に分けることができ、変動費は売上に比例して増減する経費のこと。他方で固定費は売上にかかわらず一定の経費のことです。分類して

収支モデル 単位：万円(税別)

売上	180
家賃	18
水道光熱費	2
通信費	3
人件費	40
広告費	18
消耗品・商品仕入れ費	18
その他雑費	5
営業利益	76

※フルタイム1名、パート1名、3席、月間26日稼働、1日9時間営業）
※減価償却費は含めず

みましょう。

【変動費】

- 広告費（※固定費に入れるケースも多いですが、経営者の判断で動かせるという意味で変動費に入れています）
- 消耗品・商品仕入れ費
- その他雑費

【固定費】

- 人件費
- 家賃
- 通信費
- 水道光熱費

※減価償却がある場合は「減価償却費」

分けてみると明らかなように、経費として大きいのは「固定費」です。しかも固定費は毎月必ずかかるものなので、この部分を見直すことが経費削減に大きく貢献します。ただし、節電や節水には限界があり、かつ容易に変えられないものも多いので注意が必要です。

一方で「変動費」は、工夫次第で削減しやすいのが特徴です。有料の広告から無料のSNSなどに切り替えることで広告費を削減したり消耗品の無駄使いを減らしたりなど、できる工夫は積極的に行うべきでしょう。

初期の段階では、経費削減に力を入れるというよりは、経営者として経費の感覚を養うことに重点を置いてください。経費の感覚が身についてくると、無駄を減らす意識が自然と醸成されていきます。


ところで、飲食店経営などでは常識ですが、提供するメニューに対する原価の割合（原価率）がどのくらいなのかによって最終的な利益も変わってきますし、そこから売値（販売価格）の適正範囲も検討しやすくなります。

原価（コスト）から逆算して販売価格を求めるには、次の公式が使えます。

●販売価格＝原価（仕入価格）÷原価率

原価率が小さくなればそれだけ利益も大きくなるのですが、飲食店の一般的な水準は30

%とされている一方、店舗や商品によって異なるので注意が必要です。最低限、原価とそれが利益に与える影響は覚えておきましょう。

●原価率＝原価÷売上高×１００

Ｐ84の表を元に計算すると人件費などすべての経費を「原価」とした場合、原価の合計は１０４万円。売上が１８０万円なので、原価率は約57・７％。サービス業の基本水準と同等であるのがわかります。

業種	原価率
建設業	76.1%
製造業	79.2%
情報通信業	52.4%
運輸業、郵便業	76.5%
卸売業	84.8%
小売業	69.5%
不動産業、物品賃貸業	53.6%
学術研究、専門・技術サービス業	43.1%
宿泊業、飲食サービス業	36.6%
生活関連サービス業、娯楽業	58.6%
サービス業（他に分類されないもの）	58.3%

※中小企業実態基本調査「令和5年速報（令和4年度決算実績）」より

原価率が高くなってしまう場合は、「諸経費が高い」「販売価格が低い」「無駄が多い」などの原因を検討する必要があり、価格の改定や効率化、仕入先の見直し、無駄の削減、在庫管理など、原価率を下げる工夫が求められます。

◆「サービスとお店への愛」がなければ失敗する

セルフホワイトニングサロンの運営も「経営」である以上、お金に関する知識はもちろん、資金があるか（調達できるか）どうかは重要です。

ただし、「お金だけではダメ」ということもハッキリ述べておきたいと思います。

参入する人の中には、店舗運営に関心があるというよりも「投資感覚」で始める人がいます。しかしセルフホワイトニングサロンの経営は「投資」とは異なり、実店舗を用意してお客様を集客し、接客を通じてサービスを提供していくビジネスです。「資金を用意できる＝サロン経営がうまくいく」わけではなく、接客や集客を含む店舗運営および経営スキルが不可欠です。

そのような志がまったくない方だと、セルフホワイトニングサロンの経営はうまくいきません。

私がセルフホワイトニングサロンの経営に着手しようと考えた動機も、自分が施術を受けてみて良いサービスだと実感したためですし、価値があると感じているからこそそれをお客様にきちんとお伝えし、サービスとして提供したいと心から思える。それが経営の熱量にもつながっています。自分が好きなものであれば自ずと興味もわきます。もっと良いものを提供するべく、学んだり成長したりしたいとも思うものです。

大事なのは、事業そのもの、つまりサービスとお店に対する愛情。そこには接客の姿勢はもちろん、サービスをより良くしようとする発想、さらにはスタッフの採用から教育への熱量など、セルフホワイトニングサロンを運営するために必要な要素が詰まっています。

◆副業として年商1000万円を達成する人も

お金に関する知識があり、資金が用意できて経営の勘所をつかんでいる方であれば、どんな人でもセルフホワイトニングサロンを運営できます。

弊社のフランチャイズでも副業で始めた人がおり、会社を辞めずに年商1000万円を実現している例もあります。他の事業も行っている方だったのですが、経営のコツをつかんでいたために多店舗展開を成功させています。

近年でこそ広がりを見せている副業ですが、その多くは本業の収入に少しプラスする程度。時間や労力など一定のリソースを割かなければならず、収入面で限界があります。もちろん、副業をするメリットは収入だけでなく、人脈形成や経験など多岐にわたりますが、できれば本業と同等かそれ以上の収入を得たいと考える人も多いはず。

収入を増やそうとすればするほど特殊な技能や経験が必要となるケースが多く、そうした仕事を副業にできる人は限られてきます。無理に時間や労力を割こうとした結果、本業に支障が生じてしまっては元も子もありません。そこに、副業で高収入を得ることの難しさがあります。

わかりやすいのはアルバイトやパートですが、それらは必ずしも自らの技能やノウハウを活かしているわけではなく「時間の切り売り」です。効率的に稼ぎたいのなら、今から特殊なスキルや知識を学んだり、資格などを取得したりするのではなく、成長産業に参入してすでにある仕組みを活用するのも1つの方法です。

そこで私は成長産業のフランチャイズへの加盟をオススメしています。ロイヤリティはかかりますが、ノウハウや知見などはすでに蓄積されており、集客や接客のマニュアルも整備されているのが強みです。

弊社のフランチャイズに加盟するオーナーの場合は最低でも「週10時間」は経営に時間

を割くようにお願いしているのですが、スタッフを採用すれば負担は軽減できますし、多店舗展開も可能です。異業種から参入する人も多く、サラリーマンの方はもちろん弁護士、議員、あるいは飲食店や整骨院、コンビニ、他の美容系サロンを経営している方もいます。そうした多種多様な人々とつながりを持てることも、フランチャイズに加盟する大きなメリットです。

◆共同経営には要注意

セルフホワイトニングサロンの経営を検討している人の中には、知人や友人と共同でサロンをオープンしたいと思っている方もいるでしょう。複数人で始めれば負担する金額も分散されますし、初期の人手不足も解消しやすくなり、それぞれの知恵を出し合うこともできます。それが「共同経営」のメリットです。

ただ私の経験から言うと、共同経営はお金や仕事の配分などでトラブルになりやすいので注意が必要です。

私自身の失敗談ですが、とある遠方の地域にいい物件があるとの情報を知人経由で得ました。そのとき、物件とともに紹介されたのがその地域でビジネスをしている経営者です。

物件自体の場所は良かったのですが、自分の拠点から離れた地域だったため、その地域で経営経験がある地元の人と一緒にスタートしたほうが安心だと思い、一緒にやることにしたのです。

資金は双方で半分ずつ負担し、労力や利益も半々にするという取り決めにしました。しかし、しばらくして、共同経営を解消することに……。

理由は2つあります。

1つは、意思決定する人が複数になると、どちらが責任を負うのかが不明確になります。そのため経営方針が定まりにくく、かつスピーディーな運営も難しくなってしまったのです。

2つ目は、業務負担についてです。当初の取り決めに反して、相手はほとんど何もしてくれませんでした。

こうした事態を受けて、共同経営を解消することになったのです。もちろん共同経営でうまくいっている会社もあると思いますが、困難な点があることは事前に踏まえておくべきです。「1人でやるのは不安だから」という理由で安易に共同経営をすると、うまくいかないときは責任のなすりつけ合いになり、成功すれば利益の取り合いになります。

私が主導してお店を発展させたときも「どうして向こうは何もしないのに利益の半分を

払わなければならないんだろう」と、釈然としない気持ちになりました。

どうしても共同経営をしたい場合は、業務負担やお金のことも含めて、事前に書面にまとめるなどしておくべきです。

私の場合は相手側が賃貸物件の名義人で、物件を安く借りられたという事情があり、そうした弱みからなかなか関係性を解消できませんでした。メリット・デメリットを冷静に判断し、長い目で見ることが求められます。

第3章

開業までの「7ステップ」

セルフホワイトニングサロン

第3章では、実際にセルフホワイトニングサロンを開業する際の全体像について、ステップごとに紹介していきます。流れとしては次の「7ステップ」が基本です。

1. 事業計画（店舗名、料金などの決定）
2. 物件探し（エリア、立地、建物の選定）
3. 資金計画（金融機関からの融資を含む）と種々の準備
4. 内装工事
5. スタッフの募集（※従業員を雇う場合）
6. 集客（ホームページ、チラシ、SNS、ホットペッパーなど）
7. 研修＋オープン

（※必ずしも上記の順番通りに実行する必要はなく、状況に応じて前後したり同時に進めたりする場合もあります）

◆1. 事業計画（店舗名、料金などの決定）

最初のステップは、「事業計画の策定」です。
この場合の事業計画とは、主に「店舗名」や「サービス料金」など、営業に関わる必要な事項を決めていくことを指します。

それらに加え、「ビジネスモデル」や「コンセプト」を明確にしておくことも欠かせません。そうした計画が、後の事業構築に結びつきます。

まとめると、具体的な作業としては主に次のようなものが挙げられます。

- **市場調査（競合他社、人口状況などのリサーチ）**
- **顧客ターゲット（ペルソナ）を元にサービス内容や提供価格を検討**
- **店舗名の決定**
- **店舗のロゴの作成**
- **導入機器や使用する商品の選定**

このうち「市場調査」については、同業他社の存在や料金設定、どのような打ち出し方で営業しているのかを調べておく必要があります。エリアの特徴、駅、人の流れなど、実際にお店を出した場合の状況をシミュレーションしておきましょう。詳しい内容は「物件探し」の「エリア・立地について」で解説しています。

▼店舗名について

「店舗名」に関しては、「セルフホワイトニング」や「ホワイトニング」というワードが入っていることが重要となります。絶対ではないのですが「セルフホワイトニング」や「ホワイトニング」というワードが入ることによってお客様からすぐ認識してもらえるためです。

また利用者は、インターネットで検索するとき「ホワイトニング＋地名」などのワードを入力することが多いため、とくに「ホワイトニング」というワードは重要です。少なくとも、店名は「何の店なのか」がすぐにわかるほうが良いでしょう。それが認知度の向上と、提供される商品やサービスの品質、さらには信頼性へのイメージにつながる「ブランド」の構築に貢献します。

弊社が「ホワイトニングカフェ」という名前なのも同様の理由です。「ホワイトニング」というキーワードを入れ、そこにカフェを加えることで親しみやすく、気軽に入れる雰囲気を醸成しています。店名の段階から来店する人の心理的ハードルを下げ、通いやすくする工夫も大切で、その語の印象を踏まえて、使用するワードを検討しましょう。

▼サービス料金について

次に「サービス料金」について。前章で紹介した原価率から逆算する方法（原価率＝原価÷売上高×１００）もありますが、基本はそのサービスの適正価格を踏まえたうえで、地域特性も加味しつつ決めるのがベストです。

そこはオーナーごとの経営判断が強く出るところですが、最終的には、集客力や売上・利益との兼ね合いによって決まります。

私自身の経験を踏まえると、全国展開をするにあたり、地域ごとに価格を変えることを検討した時期もありました。

札幌への出店を計画した際、他社の価格を調査してみたところ、２９８０円で提供しているお店を発見。神戸の自店舗は４９８０円に設定していたので、この価格で統一するべきか、それとも地域の特性に合わせて変えていくべきか悩んだのです。

最終的には、すべてのお客様にとって平等でわかりやすく、かつ優良なサービスを提供するために必要な４９８０円での「全国一律」を選択。その後、２９８０円で提供していたお店は潰れてしまったので、判断としては正しかったと思います。

２０２４年10月現在で全国60店舗展開するすべてのお店において、価格は1回あたり４９８０円と変えていません。セルフホワイトニングは複数回行うことで効果を高め、かつ維持できるので、割引が適用される「4回コース」「8回コース」「12回コース」も用意しています。

地域における他社の動向のみで判断するのではなく、同時に原価率やサービス自体の

メニュー・料金について

都度払い

1回分 4,980円
（8分照射×2セット）

2回分 9,960円
（16分照射×2セット）

ホワイトニング経験者
元々歯のトーンが白めの方

4回コース 有効期限：1ヶ月間
4,500円／1回
コース料金：18,000円（1,920円お得）

人気No.1

8回コース 有効期限：3ヶ月間
4,200円／1回
コース料金：33,600円（6,240円お得）

人気No.2

12回コース 有効期限：6ヶ月間
3,900円／1回
コース料金：46,800円（12,960円お得）

※料金はすべて税込価格

持続性（再現性）を踏まえて適正価格を導き出すこと。そしてその金額に見合う価値があることを伝える努力も、経営者には必要です。

そのことは「売上」について考えるとよくわかります。前述の通り売上は「客数×成約率×客単価」によって導き出され、「いずれかの数字がゼロになるとトータルもゼロになる」ということでした。

客単価がゼロということはあり得ませんが、広告戦略や接客に失敗すれば客数や成約率はゼロになる可能性があり、同時に売上もなくなります。客数と成約率の双方を踏まえ、トータルの数字を高めつつ適正価格を検討することが大切です。そうしたイメージを事業計画の段階で持っておくと良いでしょう。

「月100万円を売り上げたい場合」で計算してみると、1回あたりの施術費（客単価）を5000円とした場合、単純計算で月に200人のお客様がサービスを受けてくれれば売上は100万円です。

その他にも、付随する商品の販売やオプションの提供などによって客単価を上げていければ、より売上目標を達成しやすくなるでしょう。弊社ではオリジナルケア商品「home」を用意し、客単価の向上につなげています。

月の稼働日数を20日と仮定すると、200人施術するには1日10人の来店があればノル

オリジナルホームケア商品
「home」

歯磨き粉

内容量：120g
価　格：1,980円

トリートメント

内容量：30g
価　格：2,970円

容量たっぷり3ヶ月分でお得！

マウスウォッシュ

内容量：300ml
価　格：1,980円

口臭ケアにおすすめ

イオン歯ブラシ

価　格：1,100円/1本

ホワイトニング効果
38%アップ！

※料金はすべて税込価格

マ達成になります。従業員を採用して稼働日数を増やせば、25日で1日8人、30日で1日6・6人とハードルはどんどん下がっていきますし、客単価を上げられれば客数はもっと少なくても売上目標を達成できます。

第1章、第2章でも紹介しているシミュレーションでは、月の売上を１８０万円に設定していました。フルタイム1名パート1名で、席数は3、稼働日数は26日という条件です。仮に客単価がすべて５０００円だとすると、１か月の来店客数は３６０人（１８０万÷５０００）。1日あたり13・8人です。弊社でも札幌をはじめとする店舗は1か月で５００人以上のお客様が来店することもあり、無理な数字ではないのですが、難しいと思う場合は客単価を上げたり稼働日数を増やしたりなどの対策をとると良いでしょう。

このような計算例をもとに、「客数」「成約率」「客単価」のどこを改善できるのかを検討し、工夫していくことが重要です。

あるいは損益分岐点を算出し、それが80万円だったらどうか、１２０万円ならどういう数字になるのかを考え、個々の数字を調整しながら目標をクリアしていく。それぞれの数字をいじってみると、「どこを伸ばすべきか」「どこを改善すればいいいか」も見えてきます。実際に店舗運営を行いながら、事業計画段階での試算を微調整していくことが求められます。

具体的な改善の方法については、次章以降で詳しくチェックしていきましょう。

◆2. 物件探し（エリア、立地、建物の選定）

▼店舗の広さについて

「サロンを開きたいのですが、どうやって物件を見つけたらいいですか？」

これからサロンのオーナーになりたいと考えている方からよく質問されるのが、物件選びです。

セルフホワイトニングサロンの場合、広さはそれほど必要ありません。リクライニングチェアとマシンを置くスペースと歯磨きができる洗面台スペースがあれば開業できます。私も最初は4坪ほどのスペースから始めました（「はじめに」参照）。

1席のスペース（椅子とマシンを置くスペース）は、ダブルベッド程度の大きさが目安で、そのほかに受付や事務作業のできるバックヤードもあるとベストです。いずれにしても、比較的コンパクトなスペースで小さく始められるのが特徴です。

また、「完全予約制」が基本なので、路面店でなければお客様が来ないということもありません。つまり、ビルの上階や地階でも十分、営業可能です。

▼エリア・立地について

一方で、エリア・立地は慎重に選ぶ必要があります。

第1章でも触れていますが、セルフホワイトニングサロンの主な顧客ターゲットは20代前後の男女です。ですので、彼らが足を運びやすいかどうかが重要となります。エリア・立地が店舗経営の成否を分けると言っても過言でありません。

都市部（電車で通勤・通学するのが一般的なエリア）であれば、駅の近くが断然いいでしょう。「駅から徒歩10分以内」の場所がベストです。それ以上になると利用者が通うハードルが上がってしまいます。　駅の利用者数（乗降人員）は10万人以上が基準になります。

　基本的に、ホワイトニングは何回も通うサービスであるため、「お客様が通いやすいかどうか」「その周辺を通勤通学などでよく通るか」を念頭に置くようにしましょう。

一方で、地域によってはその限りではありません。例えば、車での通勤・通学がメインで、日常生活の足として車が欠かせないエリアでは、駅から離れていても、駐車場が広くて停めやすいショッピングセンターへの出店で成功している例があります。

車社会の地域では電車は度外視して、車で行きやすいか、駐車場があるかを重視すべきです。自分の出店したい地域の傾向と対策を見極めましょう。

ちなみにロードサイドに出店する場合は、車線の数を含めて「入りやすいか」どうかをチェックしてください。例えば中央分離帯がある大通りだと、ぐるっと回って入らなければならないこともあり、通う際のハードルになるケースがあるので注意しましょう。

出店先のエリアだけでなく隣の市区町村からも集客できそうであれば、採算がとれる可能性もあります。

弊社では「商圏人口20万人」を出店の目安にしているのですが、例えば滋賀県の守山市《もりやま》は人口が約8万人なのに対し、近隣の草津市《くさつ》（約14万人）や野洲市《やす》（約5万人）を含めれば20万人の壁を超え、車を使う人が多いエリアなので採算が見込めるわけです。

あるいは草津市に出店する場合も、大津市《おおつ》（約34万人）から便利な場所であれば十分に集客できると考えられます。

また商圏が大きければ、同じ市内や区内に2店舗出すことも可能です。弊社の場合、札幌には「札幌東急百貨店」と「札幌大通店」の2つがあり、前者は札幌駅徒歩1分、後者は大通駅徒歩3分なのでそれほど離れていませんが、どちらも順調に運営できています。

その他のポイントとしては、「昼間人口（10万人以上が目安）」を見ると良いでしょう。昼間は他地域への出勤や通学で人が大きく減るようなエリアだと、ターゲット層を集客するのは難しくなるかもしれません。ベッドタウンがその一例ですが、東京都下だと「立川《たちかわ》市」や「三鷹《みたか》市」、神奈川県では「藤沢《ふじさわ》市」や「相模原《さがみはら》市」、その他大阪の「豊中《とよなか》市」、兵庫県の「芦屋《あしや》市」などは、人の動きをよく見て「昼間人口はどう推移しているか」「日中でも集客できそうか」を検討することが大事です。

私の場合、神戸の中でも「三宮」を選択したのですが、やはり若者が集まりやすい場所であり、賑わいもあり、かつ通勤・通学する方も通いやすいと考えたためです。

他方で、東京の「原宿」などは、逆に苦戦しています。若者が集まる場所ではあるのですが、買い物などで来るケースが多く、何度も通うとなると不便なのかもしれません。

そうした傾向は国勢調査をはじめ、インターネット等で調べることができますので、事前にチェックしておくようにしましょう。

▼優良物件の見つけ方

次に、優良物件をどうやって見つけるかについてです。

結論から言うと、物件の探し方に王道はありません。ただ1つ言えるのは、能動的に探すことが大事です。

「いい物件がなかなか見つからない」という人の多くが不動産会社からの連絡待ちの姿勢

でいるようです。

不動産会社に条件を伝えて情報を待っているだけでは見つからないのは当然です。物件は見つかるものではなく、見つけるものだと理解しておきましょう。

「こういう物件を探している」と業者に伝え、「いつまでに物件を決める」と期限を設け、複数の不動産会社に接触することが大切です。「こういう物件が出てきたらすぐ契約します」と伝えておけば、不動産会社も本気で探してくれます。

究極の方法は、自分の足を使って積極的に探すこと。ぜひ、自分が出店したいと考えている街を歩きましょう。そうするとテナントを募集している店がいくつか見つかるはずです。中には仲介業者がネットなどで募集していないケースもあり、現地を訪問して初めて見つかることもあります。

そのように、自ら動くことで未来は開けてくるものです。

◆3．資金計画（金融機関からの融資を含む）と種々の準備

▼初期費用と資金集め

次に、「資金計画」および「準備」について見ていきましょう。

大きな流れとしては、出店エリアを決定し、物件を探してから、必要に応じて資金計画を立てていくのが一般的です。もちろんそれらは前後したり戻ったりすることもあります。「店舗の準備」を一括りにすると、ステップ2の内容も含めて、主に次のような作業が必要となります。

- **出店エリアを決定し物件を探す**
- **必要に応じて資金計画を立てる**
- **内装のプランを作成して工事を発注**
- **備品、什器《じゅうき》の準備**
- **電話、ネット回線の手配**
- **決済システム、予約システムの導入**
- **各種保険への加入**

初期費用については、弊社のようにテナントビルを借りて内装工事もきちんと行い、店舗を構えて必要な什器等の整備を含めるとおおむね「800万～1000万円」が必要となります。

弊社のシミュレーションではFC加盟を前提としているため、加盟金（150万円）や研修費、保証金が付加されたうえでトータルの金額は940万円（運転資金は含まず）。店舗サイズは約12坪、家賃約18万円の想定です。内訳は次の通り。

銀行などの金融機関から借り入れをする（事業融資を受ける）ケースが大半ですが、融資を受ける際に必要となる頭金（自己資金）の目安は上記を踏まえて「270万〜300万円（全体の約3割）」。

政府系金融機関である日本政策金融公庫でも、「2020年度新規開業実態調査」にお

初期投資目安　単位：万円（税別）

加盟金	150
開業前研修費	40
保証金	20
ホワイトニング機器（3台）	330
物件取得費	90
内装工事費	220
什器備品費	40
オープン時販促費	50
合計	940

※店舗サイズ：約12坪、家賃約18万円の場合
※運転資金は含まれていません
※金額は実際の物件等により変動します
※ホワイトニング機器はリースも可能です（5年リース1台あたり月額約2万5000円）

いて「創業資金総額に占める自己資金の割合は約３割」を基準としているため、１つの目安として覚えておくと良いでしょう。

ただし、創業資金の３割の自己資金があれば必ず融資を受けられるわけではなく、融資を受ける際には「審査」があります。審査では自己資金の額に加えて、信用情報、実績、経験などから総合的に判断され、金融機関ごとに審査内容も異なるため注意が必要です。心配な方は事前に先輩オーナーや経験者に相談することをオススメします。

たとえ金融機関に借りられなかったとしても、本当にその事業をしたいと思うのなら、両親や親戚、知人などに相談するのも１つの方法です。どの事業でもそうですが、経営の過程には困難が伴います。そこで踏ん張るだけの情熱があるかどうかは、初期段階で「資金を集められるかどうか」にかかっています。

ちなみに、必要な資金は状況に応じて変動します。

例えばサロン経営のよくあるパターンとしてマンションの一室から始めるケースがありますが、その場合は物件の取得や内装工事などは必要ありません。セルフホワイトニングサロンの場合も、最低限の施術ができるスペースがあれば、私のように4坪（約8・54畳）でもスタートできます。営業に必要な什器や椅子などを用意するだけでいいため、トータル１００万～２００万円ほどで開業できます。

ただ、それで集客できるかどうか、あるいはリピーターに通ってもらえるかどうかは別問題です。前述の通りエリア・立地は非常に重要な要素だからです。初期費用を抑えるのはいいのですが、それによって営業が成り立たなくなってしまうと元も子もありません。だからこそ慎重に判断する必要があります。

席数を減らして費用を少なくするのも1つの方法ですが、それによって機会損失が発生したり、リピーターの方もなかなか予約が取れなかったりすると、それだけでお店の評価も悪くなります。一からサロンを開業する場合、こうした事情や数字面も加味したうえで試算し、戦略を立てなければなりません。

他方でフランチャイズの場合であれば、出店エリアの選定はもちろん、売上・利益の目安や諸経費、さらには初期費用等もあらかじめ計算されています。

その他、基本となる事業計画については各オーナーに作ってもらいますが、具体的な数字や借り入れ等のサポートやアドバイスは本部が行います。ただし金融機関の面接にはオーナー本人が行かなければならず、その前提として各数字などについて自分で説明できるようにしておく必要があります。

▼補助金について

その他にも、資金の部分でチェックしておきたいのが「補助金」についてです。とくに全国的に行われているものや各地域で実施している補助金の情報を得ておくことが大事です。

中でも創業期は、資金が不足しやすいものです。できるだけ経費を節約することも大事ですが、補助金を上手に活用することで、必要なところにきちんと投資できるようになります。

補助金に関する情報については、インターネットで収集すると良いでしょう。具体的には、次のようなサイトがあります。

- **ミラサポ plus 補助金・助成金 中小企業支援サイト**
- **補助金コネクト**
- **補助金ポータル**
- **補助金・資金調達ガイド**
- **J－Net21**

このうち「ミラサポ plus」は経済産業省・中小企業庁が提供している国のサイトです。

そのため、情報の精度については信頼性があります。

ご自身に関連するところを一通りチェックし、情報を収集しておくことをオススメします。都道府県ごとに内容が異なる場合もあるため、具体的な内容は窓口での相談も受けておくと良いでしょう。

創業時に使えるものや資金調達の手助けになるもの、あるいは雇用拡大や地域活性化につながる事業を対象とするものなど、様々な種類があります。

利用する金融機関と提携しているものもあるため、担当者に聞いてみるのも1つの方法。フランチャイズに加盟する場合であれば先輩オーナーにヒアリングすることも可能です。

◆4. 内装工事

次のステップは、「内装工事」についてです。

結論から言うと、内装において重要なのは〝豪華さ〟ではなく、きちんと〝清潔感〟のある空間を演出することです。セルフホワイトニングというサービスの性質上、高級感を打ち出すよりも、お客様が安心して利用できることが求められるためです。

もちろん、お金をかければ豪華な装飾は可能です。ただ、必ずしもお客様がそれを求めているとは限らず、むしろ敬遠されてしまう可能性もあります。

ですので、ターゲット顧客を念頭に置き、より多くの人が通いやすいよう、清潔感のあ

ホワイトニングカフェの店内レイアウト

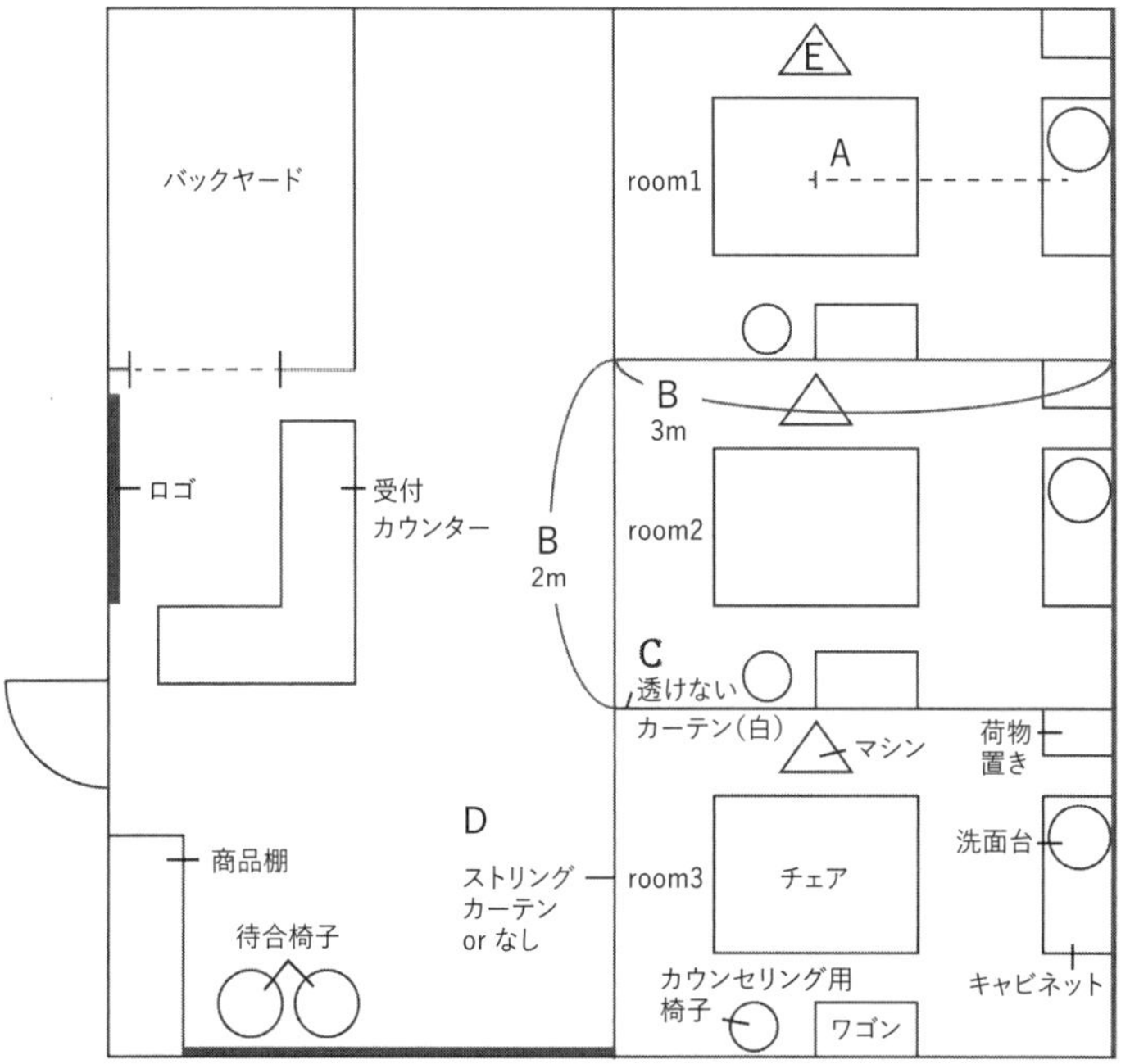

A　チェアの正面に洗面台設置
B　個室のサイズ：幅2m x 奥行3m
C　席間仕切りは白い透けないカーテン
D　席背面仕切りはストリングカーテン（ホワイトor シルバー）もしくは、なし
E　マシンは左側に設置

全体

▶WhiteningCafeブルー（色番号:69-70P)を 10 ～ 20 %使用する(壁または天井)
▶余裕があれば写真撮影スペースを設置

受付

▶出入口から近く、全席が見える位置に配置
▶受付背面にロゴ設置
▶お客様の動線上から受付内が見えないようにする
▶バックヤードを受付の横もしくは後ろに配置

ホワイトニングカフェの店内イメージ

カーテンは白が理想

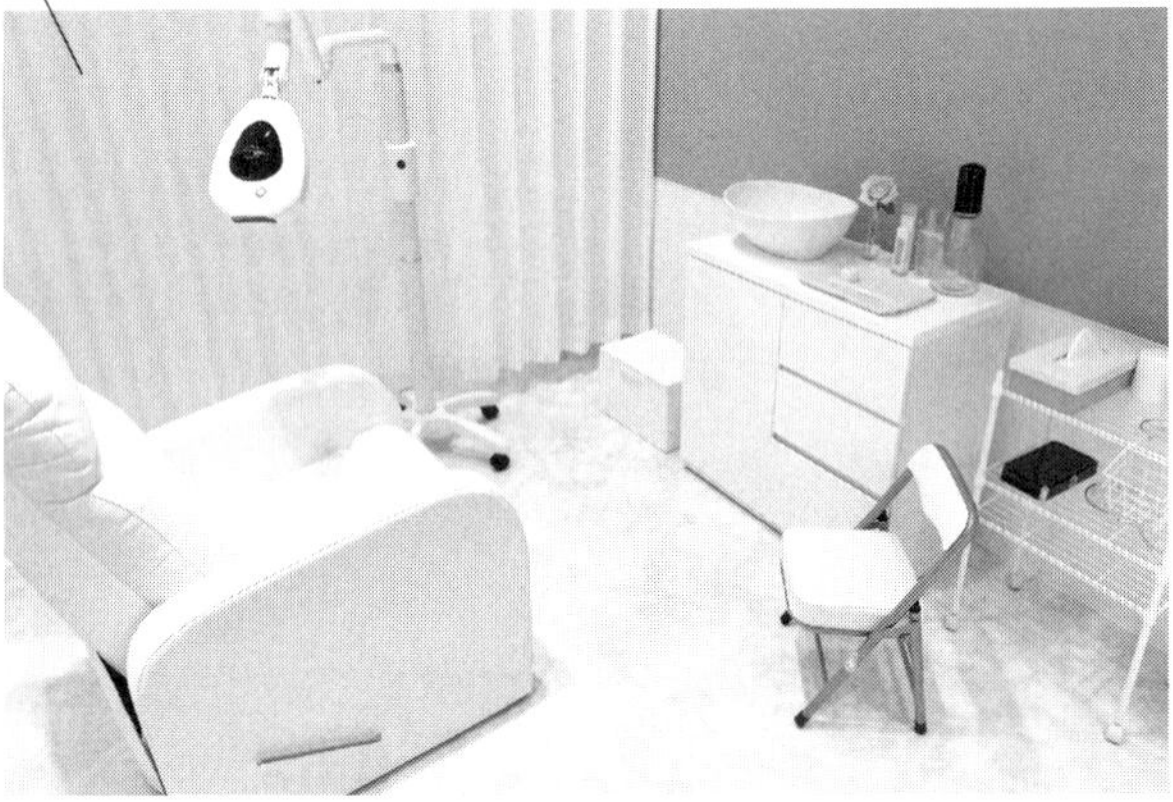

ストリングカーテン

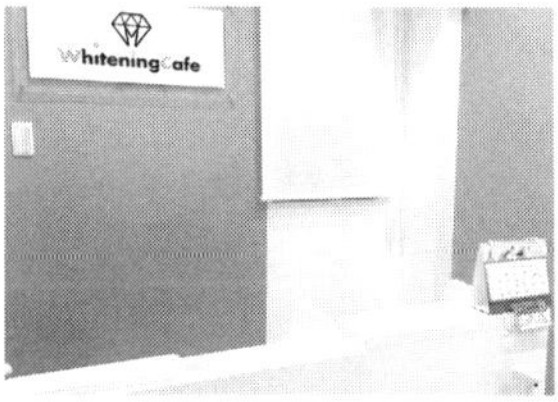
WhiteningCafe

WhiteningCafe

WhiteningCafe

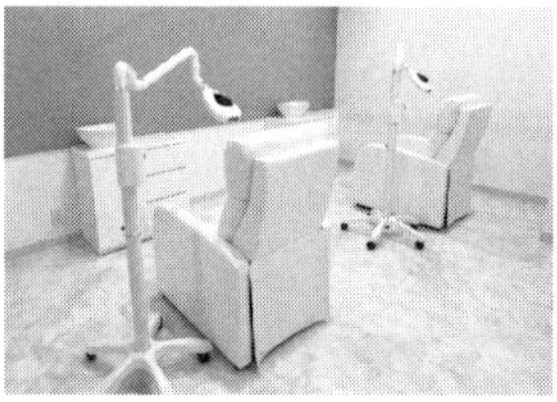

る内装を目指しましょう。

ちなみに弊社のフランチャイズにおいては、内装のイメージも明確に定めています。具体的には、ブルーを基調としたイメージカラーを用いつつ、お客様にとって居心地の良い空間を演出しています。

照明や間仕切り、さらにはチェアや洗面台など、配置にもこだわっているのが特徴です。それにより、スムーズに施術が行えるようになっています。

当然、ブランドとしての統一感も意識しており、どこの店舗でも同一の環境とサービスを提供できるように工夫しています。

全国にチェーン展開する場合は、こうした点も考慮しつつ、お客様のことを考えた内装を手掛けていく必要があります。

ちなみに内装ではありませんが、当社では店内看板のイメージや各種ロゴなどの取り扱いについても詳しく定めており、ブランドカラーにも規定があります。

これらの施策によって、いたずらに高級感を出すのではなく、清潔な印象を与えられるように工夫しているのです。また、来店時にハードルを上げすぎないことも意識しています。

とくに、メインのお客様である20代前後の男女が入りやすいかどうかは、厳しく見ておく必要があると思います。例えば、薄汚れたビルの一角だったり、外観に落書きがあったりする場合などは要注意です。

加えて、他のテナントがどのような事業者であるかも見ておくべきでしょう。それが、お店のイメージにつながりやすいためです。

このあたりのチェックポイントは物件選定の段階でも意識しておきたいことなので、内装について考えつつ、物件選びも視野に入れるなど、ステップ1〜4は行ったり来たりすることも多いです。

厳密に順番を守るというよりは、それぞれの要素が相互に関連していることを踏まえ、全体像（流れ）を理解しながら内容を詰めていくようにしましょう。

◆5. スタッフの募集（※従業員を雇う場合）

5番目のステップは、「スタッフの募集」です。

スタッフの募集は、基本的に物件が決まれば開始できるので、なるべく早く募集をかけることが大切です。

とくに、最初からワンオペではなく複数人で回していく場合は、営業初日に間に合うよう、逆算してスタッフを採用する必要があります。

人材採用に関して必要な作業をまとめると、主に次のようなものが挙げられます。

- **求人媒体への掲載、面接、採用**
- **各種労務手続き**
- **接客のマニュアルを作り、スタッフでもできるように研修を行う**
- **接客以外の店舗運営に関するオペレーションを決定し、同様に研修を行う**

どのようなスタッフを採用するのかは、きちんと見極める必要があります。とくに清潔感や美意識については、業務との兼ね合いを踏まえて問われることとなります。

また、その店舗が繁盛するかどうかについても、スタッフによるところが大きいです。事実、どのようなスタッフが働いているのかによって、お店の雰囲気も変わってきます。

言葉にするのは難しいのですが、人によって、いわゆる「ウェルカム感」のようなものが違ってきます。それはお客様がお店に入ったとき、「迎えられている」と感じる雰囲気のことです。

そのような空気感がお店にあると、お客様は「来てよかった」「また来よう」と思います。だからこそ、スタッフの存在が重要となるのです。

ちなみに当社では、スタッフ採用ガイドライン（求める人物像）として、次のような事項を掲げています。これらに加え、オーナーや店長との相性も加味することが求められます。

【求める人物像】

優先度①：セールストークを伴うサービス業、営業職経験者が理想
優先度②：目標達成意識や主体性があること（素直であること）
優先度③：歯科衛生士や歯科助手など業界経験者

- 笑顔で丁寧な接客ができそうか？
- 業務内容やサービス内容に関する質問をしてきたか？
- 前もって調べてきていることがうかがえるか？

などが面接時でのチェックポイントとなります。

〈MUST（必須条件）〉

- 何らかの接客経験がある
- 丁寧かつ親切な接客ができる

●責任感がある

〈**WANT（歓迎条件）**〉

●営業トークを伴う販売経験と実績

●PCスキル（Word／Excel／メールなどの基本知識）

●SNS投稿の経験（画像加工やハッシュタグなどの理解）

〈**NEGATIVE（望ましくない要素）**〉

●表情が暗い、笑顔がない

●勤務に不安がある（短期間での転職を複数回している）

●待遇面の質問を過度にしてくる（自己中心的な考えの可能性がある）

また、求人はサイトやフリーペーパーなどの媒体を活用するのが一般的です。人によって進め方には若干の違いがあるものの、流れはおおむね次のようになります。

【求人から採用までの流れ】

①求める人物像を明確にする
②雇用条件を明確にする（人材レベルで条件変動をするかを含む）
③求人媒体に申し込む
④求人原稿の作成と提出
⑤求人掲載開始と面接受け入れスケジュールの確保
⑥ウェブ、電話などの応募対応（先に書類の提出をお願いする）
⑦書類選考
⑧面接日程の調整
⑨面接
⑩合否連絡（入社手続きを行い、勤務開始日について説明する）

その他、法律に則って雇用契約や労務関係も考慮し、適切に管理監督していくことが不可欠です（フランチャイズであればマニュアルが用意されているのが基本）。

◆6．集客（ホームページ、チラシ、SNS、ホットペッパーなど）

ここまでの段階で店舗運営の土台はできていますので、次に行うのは「集客」です。具体的には、ホームページやSNS、チラシ、広告メディア（ホットペッパーなど）を活用し、お客様を集めていく作業となります。

私自身の経験としては、当初、集客施策についてはほとんど考えていませんでした。「まだライバル店もないし、神戸にお店を出せば人が集まるだろう」と考えていたのです。しかし思惑通りにはいかず、開店後に慌てて対策を進めていったので本当に苦労しました。とくに認知を広めていくのは大変なので、事前にきちんと学んでおくことをオススメします。

集客に関連する活動としては、主に次のようなものが挙げられます。

- **ホームページ作成**
- **各種SNSアカウント作成**
- **チラシ、パンフレット、ショップカードなどの印刷物作成**
- **広告出稿**

●キャンペーンの企画と運営

集客に関する詳しい内容については第4章で解説していますが、このうちとくに重要なのが、ウェブを活用したものです。

ホームページの作成やSNSの運用は基本となりますが、それ以外にも、インターネットならではの対策を講じておく必要があります。

具体的なポイントを列挙すると、「SEO対策」「MEO対策」「広告出稿」などを考え、適切に実施していくことが求められます。

【SEO対策】

SEOとは「Search Engine Optimization（検索エンジン最適化）」のことで、「セルフホワイトニング」など、ユーザーが検索するキーワードに対し、Google検索で上位表示されるようにする施策のことです。

サイト（ホームページ）を作成し、サイト内記事（コンテンツ）の定期的なアップと充実、信頼のある外部サイトから引用される回数を増やすといった施策が必要となります。

【MEO対策】

MEOとは「Map Engine Optimization（地図エンジン最適化）」のことで、Googleマップなどの地図アプリにおいて「セルフホワイトニングサロン」の検索結果で上位表示を狙い、優良な口コミを獲得する施策のことです。

多くのお客様は、検索やGoogleマップなどからお店にたどり着き、評価等をチェックしつつ来店するかどうかを見極めます。その点、MEO対策も重要な施策となります。とくに「ヤバい」「怪しい」などのネガティブワードが載らないように対策したり、優良な口コミを多く得て信頼性を高めたりする必要があります。

【広告出稿】

検索連動型の広告や、YouTubeなどの動画媒体で広告を出す施策のことです。バナー広告やランディングページ（ウェブ広告などをクリックした際に最初に閲覧されるページで、商品やサービスの内容をわかりやすくまとめたウェブページ）といったコンテンツの作成が必要となります。

また、広告を運用するための広告費と運用のノウハウ、リソースなどが必要となるため、あらかじめそれらについて学習しつつ経験を積んでおくことが望ましいでしょう。

その他にも、集客を加速するためにキャンペーンを企画するなど、集客においてできることはたくさんあります。

リアル店舗を運営する以上、集客の対策を避けることはできないため、次章でその方法論や考え方について詳しく解説していきます。

◆7．研修＋オープン

最後のステップは「研修」です。お店で働いてくれるスタッフを採用し、研修を経て、オープンを迎えるのが通常の流れとなります。

ただ、一口に研修と言っても、その内容は多岐にわたります。

重要なのは、スタッフがきちんとお客様を接客できるようになることですが、そのためにはやるべきことがたくさんあるのです。

一からお店を立ち上げる場合であれば、そうした研修の内容も検討し、そのマニュアルを作成しなければなりません。行き当たりばったりでは、均一のサービスを提供することは難しいでしょう。

そうなると、マニュアルを作成する人は当然、接客応対の知識やノウハウが必要となります。加えて、人を指導できる力量も求められます。

そうした点を加味すると、サロンを開業するだけでなく、きちんと回るように整備することの難しさがおわかりいただけることと思います。

ここでは、弊社のフランチャイズ本部が提供している研修の一部を紹介しておきましょう。

弊社では、「開業前研修」として、「ホワイトニングカフェ」の店舗運営に関するノウハウ、歯やホワイトニングの知識、接客法を習得するための研修を行っています。

具体的な中身としては、「①事前学習」「②オンライン研修」「③実地研修」の3部構成で、すべての研修に合格することで開業前研修が修了する流れとなります。

ちなみに、開業前研修に合格しないと開店することはできません。厳しいようですが、店舗のクオリティを維持するべく、そこはしっかり守っていただくようにしています。

それぞれの内容についても簡単に紹介しておきましょう。

まず「事前学習」では、弊社で用意しているマニュアルを読んでいただきます。

全体マニュアルに加え、店舗責任者やオーナー用のマニュアルも用意しており、それぞれの内容を頭に入れておくことが求められます。

次に「オンライン研修」では、ウェブのツール（オンライン会議システム）を活用し、「事前学習」で得た知識や接客に関する理解度をチェックします。内容をきちんと覚えていないと、合格するまで何度もテストを受けなければなりません。

最後に「実地研修」ですが、こちらは担当者とともに「直営店」や「自店舗」で行います。実際にお客様への対応を通して、マニュアル等の内容を行動に移せるかどうかを確認します。

このように、研修での学びを通じて、接客のレベルを高めています。最初からうまくできる人は限られていますが、学習によって基礎的な知識や行動はマスターできます。

これらの段階を経て、いよいよお店のオープンとなります。

オープン後は、集客と接客の両方をさらに向上させるべく、様々な施策を講じていく必要があります。当社のフランチャイズでは、そのあたりのサポート（監査や販売促進など）も用意していますが、個人で開業する人は自分で仕組みを作らなければなりません。

やはり、日々創意工夫を重ねていかないと、お店を維持し、繁盛店にしていくのは難しいと思います。むしろ、オープンしてからが本当の勝負なのだと理解するべきでしょう。

✦繁盛店への道に必要な2つのこと(集客+接客)

以上が、セフルホワイトニングサロンを開業するまでのおおまかな流れとなります。予想に反し、「かなり大変そうだな」と思われた方も多いことでしょう。

とくに開業後は、「集客」と「接客」に力を入れていく必要があります。たくさんのお客様を集め、良い接客によってファンになってもらい、リピーターを獲得することでお店の売上も安定し、繁盛店へと成長できるためです。

それらのポイントについては、第4章で「集客」を、第5章で主に「接客」の要点について解説していますので、ぜひじっくり学んでみてください。

さて、集客については本章でも少し触れているので、ここで接客について簡単に紹介しておくと、やはり「接客レベルを高めていくこと」がお客様の満足度向上につながると思います。

そのためには、「オーラルケアに関する知識を得る」ことに加え、「接客や販売方法について知る」ことや、さらには「最新情報を収集し、成功・失敗から学ぶ」ことが大切です。

それぞれのポイントは次の通りです。

【オーラルケアに関する知識】

- 歯の黄ばみの原因とその解決方法
- 普段のおすすめケア方法
- 歯磨き粉などホームケア商品に関する知識

※最低限これらの知識は必要です。

【接客や販売方法について】

- カウンセリング方法
- ご来店からお帰りまでの流れ
- 施術の適切なサポート方法

※「セルフ」ホワイトニングではありますがここで大きな差がつきます。商品について十分に理解したうえで適切な接客と販売トークをすることが重要です。

【最新の情報を得る】

- 同業種に限らず異業種から集客などの最新情報を学んで取り入れる

●季節やイベントなどタイミングに合わせたキャンペーンを企画し運営する
※イベントの中身については第4章で解説します。

【成功や失敗に学ぶ】

●すでに運営実績がある店舗の集客やマネジメント、販売方法などから自身の店舗に活用できるノウハウを得る
●店舗がある地域に合わせた施策を行う

これらはあくまでも一例ですが、オーナー・経営者は、スタッフのマネジメントやお店のオペレーションをしつつ、集客や接客にも励むことが欠かせません。とくにオープン後は、現場で学び続ける姿勢が求められます。

第4章

セルフホワイトニングサロン経営における「集客」の極意

◆「安易な需要予測」は禁物

私が神戸（三宮）で「ホワイトニングカフェ」を創業したのは2015年のことですが、当時、東京にはいくつかのセフルホワイトニングサロンがありました。それらの店舗は若者を中心に人気を博しており、予約も取れて繁盛しているようでした。

そのため三宮でも同様の需要が見込めると考えたのですが、オープンした当初は、なかなか集客できなくて苦労しました。はじめの3か月は赤字。「東京でもうまくいっているのだから神戸でも大丈夫だろう」と安易に考えてしまったことが創業期の苦戦につながったのだと思います。

加えて、私が実店舗の運営に不慣れだったこともあり、広告宣伝のやり方をはじめとして、集客に精通していなかったことがその要因でもあります。つまり、需要に対する見立てが甘かったことと、潜在的な需要を掘り起こすための周知拡大に対する手法が不十分だったために苦戦したのです。

今でこそ、セルフホワイトニングに対する認知度はかなり高まってきていますが、地域によっては、まだ知られていないところもあります。そのようなエリアに参入する際は、事前にマーケティング調査を行い、どのくらい可能性があるのかを厳しくチェックすることが大切です。

考え方としては、単純に人口だけで捉えないこと。神戸も１５０万人の都市なので、人口だけは見れば問題ないはずだとつい考えがちです。一方でこれまでにないサービスを提供し、新たに市場を作っていくには、それなりの時間がかかります。また、そのエリアの若い人に周知されるための戦略も必要でしょう。

これからホワイトニングサロンの開業を考えている人は、「この地域にはまだないからイケるだろう」と安易に考えず、「どうやって周知していくか」「どのようにしてターゲット層に届けるか」「集客手法は何がいいか」などを具体的にイメージしておきましょう。

◆集客の第一歩は「まわりの友達」から

そもそも集客は、どのようにしてお店にお客様が来るのかを考え、必要な施策をきちんと講じ、時間と労力をかけるのが基本。まずは「どうすれば多くの人に知ってもらえるか？」「多くの人が訪れたいと思えるようにするにはどうすればいいのか？」を自分の頭で検討してください。

そのうえで具体的な施策についてでは、それぞれの効果を見極めつつ、工夫しながら実施します。やみくもに集客していくだけでは結果が出ないか、あるいは時間や労力がかかりすぎる恐れがあります。オーナーとして業務全体を俯瞰《ふかん》しつつ、使える時間とその配分を考慮しましょう。

初期の段階ではまだ効果測定ができていないため、できることは何でもやってみて構いません。施策とその効果をチェックしながら経験を積んで勉強することが大事です。

例えば集客の第一歩は「まわりの友達に声をかける」こと。私自身、最初は友人や知人に対して「今度こういうお店をオープンするからよかったら来てね！」と声をかけることから始めました。そして声をかけた人が来てくれたおかげで初期の集客ができたのです。

セルフホワイトニングを心から良いものだと思い、自分が提供しているサービスの質が優れていてかつ価格も適正だと思うのなら、恥ずかしがらずに声をかけてください。いつも連絡をとっている人はもちろん、そうでない人にも連絡をとったり、会って話したり、時間が許す限り何でもやってみること。

変に営業っぽくする必要はなく、「こういうサービスがあるんだけど知ってる？」と教えてあげるぐらいの感覚でいいのです。美容に関心がある人は、そのようなお店があることを知って喜ぶはずです。

◆無料でできる集客は全部やる

集客方法には様々なものがあります。とくに開業したばかりの頃は、資金の問題もあるため、できるだけ無料の集客手法を活用すると良いでしょう。そして「無料でできることは全部やる！」ぐらいの意気込みを持って取り組むのがオススメです。

例えば、各種ＳＮＳのアカウント開設と運用は、自分で行う場合は無料でできます。基本は「○月○日にセルフホワイトニングサロンがオープンします」などと投稿するだけでちょっとした告知になり、それによって興味がある人であれば来店してくれるかもしれませんし、連絡をくれたりあるいは「いいね」など何らかのリアクションをしてくれたりするだけでも問題ありません。

そのように、次々とアクションを重ねて、１人でも多くの人にリーチできるよう行動していきましょう。とくにＳＮＳの場合は、単純な広告というより、それ自体が周知拡大のきっかけになることもあります。そうしたＳＮＳならではの特徴を踏まえ、定期的に投稿するのがコツです。

よく使われるＳＮＳには、次のようなものがあります。

・Instagram（インスタグラム）
・YouTube（ユーチューブ）
・TikTok（ティックトック）
・Facebook（フェイスブック）
・X（エックス　＊旧ツイッター）
・note（ノート）
・ＬＩＮＥ（ライン）

ご存じの方も多いと思いますが、あらためてそれぞれの特徴を分類しておきましょう。

まず「Instagram」は、いわゆる写真を投稿するタイプのＳＮＳです。その他のものとしては、「Pinterest（ピンタレスト）」や「Flickr（フリッカー）」などがあります。

また「YouTube」や「TikTok」は、いわゆる動画投稿型のＳＮＳ。とくにティックトックは短い動画が中心となり、ユーチューブでは長いものも多く投稿されています。

「Facebook」や「X」は、主に文章を投稿するタイプのもので、あわせて画像なども添付するケースが多いです。まとまった文章の投稿には「note」もよく使われています。

その他にも、「ＬＩＮＥ」のようにお客様と直接対話する形式に近いものやライブ配信に特化したもの、あるいは音声配信専用のＳＮＳとして、「Voicy（ボイシー）」や

「Clubhouse（クラブハウス）」などもあります。

それぞれ特徴が異なるので、サロン経営と親和性の高いサービスを選び、集客につながるものをどんどん使っていきましょう。実際に使用しながら、「どのような層にアプローチできるか」「どんな投稿にリアクションが得られやすいか」などの感触を得て試行錯誤することが大切です。

SNSの利用状況は刻々と変わっていきます。実際に使いながら、体験を通じて慣れていくことをオススメします。SNSの良いところは、投稿した内容がシェアされて、それが拡散し、より多くの人に届くことです。あまり時間をかけすぎるのも問題ですが、「どうしたらシェアされるか」「どんな投稿に支持が得られるか」などを考えながら運用するようにしてください。

◆ウェブサイトの作成・運用、予約システムについて

次に、「ウェブサイト」の設置や運用についてです。

こちらは開業のステップにも入っており、とくにフランチャイズでは本部がウェブサイト（ホームページ）を用意しているものですが、個人で一から始める人は自分で作らなけ

ればなりません。基本的な流れとしては、おおむね次のような手順となります。

【一般的なウェブサイト（ホームページ）の作成手順】

1．ウェブサイトの企画を考える
2．ウェブサイトの設計
3．デザイン等の制作
4．ウェブサイトの実装
5．リリース

こうした作業と並行して「ドメインの取得」「サーバーを借りる」「ウェブサイトをサーバーにアップロードする」などが必要となります。ウェブサイト設置の詳しい内容については専門書にあたっていただきたいのですが、これらの作業を自分でするのか、業者に任せるのかはオーナーの判断次第です。

また、ウェブサイトは設置しただけでは不十分です。「ＳＥＯ対策」「ＭＥＯ対策」「広告出稿」など、閲覧してもらうための運用を行わなければなりません。そうしたことについても、自分で学習しながら行うのか、専門の業者に任せるのかを考える必要があります。これは、ＳＮＳの運用でも同様です。

ウェブサイトの立ち上げが難しい場合は、「ランディングページ」など、比較的簡単に用意できるページを作るだけでも良いと思います。そこにお店の概要や問い合わせ方法などを掲載しておくだけでも、お客様が連絡をとれるようになります。最低限、そうしたページだけは設置するようにしてください。

さて、サロン経営に関連する事項としては「予約システム」のことも考える必要があります。予約システムをウェブサイトに実装することで、お客様の利便性は大きく向上します。また、電話対応等も不要ですし、24時間対応なので、サロン側の負担も軽減されます。ちなみに「ＬＩＮＥ」を活用して予約システムを構築することもできます。とくに若い人はＬＩＮＥなどのサービスに親しんでいるため、ＬＩＮＥの活用はオススメです。

◆「顧客の分類」に基づくアプローチ法

セルフホワイトニングサロンにおける集客の目的は、定期的に通ってもらえるお客様を増やすこと。新規顧客だけではいずれ来客数が伸び悩んでしまうため、定期的に通ってくれる人（リピーター）を獲得し、売上を安定化させましょう。

第2章で紹介したように、セルフホワイトニングサロン経営の売上は次のような計算式で求められます。

・売上＝客数×成約率×客単価

この計算式からわかるのは、

1．売上は「客数」「成約率」「客単価」の3つに要素から成り立っている

2．3つの要素は〝掛け算〟の関係性にある（足し算ではない）

3．（2の帰結として）いずれかの数字がゼロになると売上もゼロになる

ということでした。

このうち「集客」にできるのは主に「客数を増やすこと（来店してもらうこと）」ですが、それがリピーターの獲得につながれば「成約率」にも影響します。成約率や客単価を伸ばすには第5章で解説する「接客」が重要ですが、集客もまたそれらに影響すると考えてください。以上を踏まえて、集客のアプローチ先は3つに分類できます。

● **新規顧客**（**初めて来店するお客様**）

● **再来顧客**（**来店が2回目以降のお客様**）

● **休眠顧客**（**通うことをやめているお客様**）

とくに弊社の場合、「4回」「8回」「12回」のコースを設定しつつ、オリジナルホームケア商品「home」を用意していることもあるため（第3章参照）、理想の来店パターンは

次のような流れを想定しています。

1．初めてのお客様が予約・来店

2．コース（「4回」「8回」「12回」）とケア商品をセットで購入

3．最低でも2週間に1回の頻度で再来店

4．その後のメンテナンス期間にはホームケア商品も使ってもらう（来店は月に1度）

5．ホームケア商品がなくなったら購入してもらう

すべてのお客様が上記に当てはまるわけではありませんが、理想の来店パターンに近いお客様の比率を増やしていくことが集客のゴールです。そのために情報を発信し、短期的に人を集めるだけでなく、長期的にお客様を育成していく姿勢が求められます。

方法は様々ですが、弊社の場合は「ホワイトニングカフェ店舗」や「予約システム」「ランディングページ（商品やサービスの内容をわかりやすくまとめた公式のウェブページ）」に加え、検索や各種SNSを次のように連携させています。

▼新規顧客へのアプローチ

・Google検索

リスティング広告（GoogleやYahoo!JAPANなどの検索エンジンでユーザーが検索したキー

ワードを元に、関連する広告を検索結果画面に表示させるもの。検索連動型広告とも呼ばれる）の活用とGoogleビジネスプロフィールの情報を充実させ検索順位を上げていく

・Instagram

投稿と「いいね」をして新規フォロワーを増やす

・Meta広告

FacebookやInstagram、MessengerやMeta Audience NetworkなどMeta社の媒体に画像や動画の広告を表示できる

・その他

街頭でのチラシ配布、住宅へのポスティング、フリーペーパーやその他広告媒体の活用

▼再来顧客へのアプローチ

・ホワイトニングカフェ店舗

接客によるトークでコース成約率を上げる

・LINE公式アカウント

個別トークや1か月に1回の一斉配信で来店を促す

・Instagram

コミュニケーションをとって関係性を築く

▼休眠顧客へのアプローチ

・LINE公式アカウント

1か月に1回の一斉配信で店舗を思い出してもらう

・Instagram

投稿やストーリーズなどで再アプローチ。ゆっくり良さを伝える

◆各種SNSやウェブの運用術

Instagramの運用術

Instagramは写真や動画をシェアできることに加え、ライブ機能やショッピング機能も充実しており、お客様との関係作りや店舗の販促に使いやすいサービスです。セルフホワイトニングサロンの集客方法で最も重要な施策となります。利点は次の通り。

●コンテンツを発信し、貯めておける

「X」などは発信した内容が流れていってしまうため後から情報を整理して閲覧しにくいのが難点。一方でInstagramは後からコンテンツを見返しやすい利点があります。

●お客様との関係作りとしても使える

ストーリーズやコメント、ライブ配信など、双方向コミュニケーションがとりやすいのが強み。

●長期目線でお客様にアプローチできる

広告や来店はそのときだけのアプローチですが、Instagramなら一度フォローしてもらえば即来店にはつながらなくても、少しずつお客様との距離が縮まり、長期的な関係性を構築できます。

●新規の集客にも効果的

Instagramのユーザー数（日本国内）は2023年時点で約6600万人と推計されており、10〜20代の利用率が70％以上と非常に高いため、セルフホワイトニングサロンに来店したことのないお客様にも見つけてもらいやすくなります。

●更新が1日1回でも効果が出やすい

Instagramは1日1回の更新でも効果が出やすく、忙しい業務の中でも比較的取り組みやすいSNSです。

Instagramでの集客は、ペルソナ（集客したいお客様の具体的な像）を意識して投稿を作成するのが基本です。そのうえで、次の5つのポイントを踏まえて行います。

1. 更新頻度と時間帯

- 1日1回は必ず投稿する
- インサイトを見てお客様がよく見ている時間帯に投稿する
- 手が空いている日は記事を書き置きしておく
- ストーリーズは午前と午後の時間帯に分けてアップする

2. 投稿内容

- 売り込みばかりではなく、役立つ内容、面白い内容、感動する内容なども織り交ぜる
- 割合としては売り込みが3割、その他7割を意識する

【投稿内容の一例】

- 店休日やスタッフごとのシフト状況
- キャンペーンやイベントの宣伝
- お客様の写真（顔写真やビフォーアフター）
- お客様からいただいた口コミ（Google の口コミやホワイトボードに感想を書いて持ってもらうなど）
- 歯の豆知識
- スタッフの自己紹介
- スタッフがメンテナンスでホワイトニングした際のビフォーアフター
- お客様への想い
- 季節ごとの行事やイベント

※当日の空き状況は投稿ではなくストーリーズを活用するのが基本
※「空いています」と書きすぎると暇なお店と思われるので注意

3. ハッシュタグ

ハッシュタグ（「#」）は、キーワードやトピックを分類するタグのこと。「#」の後に任意のキーワードを入力することで、その投稿がどのようなトピックについて書かれたものなのかをユーザーに知らせることができます。

ユーザーはハッシュタグ検索から類似の投稿を一覧でき、関心のある投稿を効率的に閲覧することが可能です。利用時のポイントは次の通り。

【基本の使い方】

- **必須で入れたい固定のタグを用意しておく**

例：#店舗名、#ホワイトニング、#セルフホワイトニング、#地名＋ホワイトニング

（これらは端末のメモなどに保存しておいてコピーして使用する）

- お客様からどのようなハッシュタグを見て閲覧したのかをヒアリングし、次回の投稿に応用する。

【ハッシュタグをつける際の注意点】

- 性的な表現やスラングは使わない

例：「#sexy」「#porn」「#breast」「#lesbian」「#fuck」「#nude」など

- 使用頻度が高すぎるハッシュタグも避ける

例：Instagram の略称「#ig」や「#instagram」は禁止。「#popular」「#goddess」などは投稿数が多すぎるので効果がない

4. 画像

Instagram は他のSNSよりも写真や画像で情報を伝えるのに適したメディアなので、画像編集にもこだわりましょう。とくにトップ画面に投稿されている9つの画像はユーザーによく見られるため、1つ1つのテーマだけでなく、プロフィール画面で画像が並んだときの印象をイメージしながら作成することが重要です。

注意点としては、商標利用可能な画像でもスタンプでお店のロゴをつけるなどの加工をする場合には、加工して利用可能な素材かどうかを確認する必要があります。クレジット表記が必須か不要かについても、利用規約をよく読みましょう。

【商用可能な画像の素材サイトの例】

- Unsplash　アート系の美しい写真がメイン
  https://unsplash.com/
- GIRLY DROP　女性が好むガーリーな写真が豊富

https://girlydrop.com/

- 写真ＡＣ　モデルの許可済み人物写真などもあり
https://www.photo-ac.com/
- イラストＡＣ　親しみやすいテイストのイラストが多数
https://www.ac-illust.com/

【画像作成時に使用できるアプリの例】

写真加工のためにインストールしておくと便利な無料アプリ（一部有料）

- ＬＩＮＥカメラ：店舗のロゴ入れ、写真の加工、文字入れ、画像の反転
- Canva：テンプレート、ストーリーズ加工、ＰＯＰ作成
- Photo：縦書きの文字入れ
- Pico Sweet：スタンプ、写真加工、文字入れ
- Macaron：人物切り取り画像作成
- 正方形さん、正方形どん：正方形画像の枠の色を変える
- レイアウト：複数の写真を１枚の画像にまとめる

【投稿のコツ】

- スタッフやお客様の顔が写っているものを使う（そのほうが閲覧数が増える）
- 美しい写真を選んで使う
- インパクトがあり、かつわかりやすい写真を使う
- 写真に文字をのせて加工する場合はシンプルな写真を使用する

※写真の上に文字をのせる場合のポイント

- 背景写真を暗くする
- 太文字にする
- 文字を縁取りする
- 文字の背景を塗りつぶす（文字の背後に色をつけるときは写真の色味に近い色で塗ると馴染みやすくなる）

【画像投稿時の注意点】

- お客様の写真を使う場合は事前に承諾を得る
- キャラクターを使用する場合には著作権を確認する

- 口腔内写真はユーザーに不快感を与える場合があるため慎重に判断する
- 実際よりも歯を白く加工することは景品表示法に違反するため厳禁
- ビフォーアフターを掲載する場合は施術回数と「効果には個人差があること」を明記する
- 医療行為と混同させてしまうような内容の投稿は避ける

5. フォロワー対応

フォロワーを増やすには「来店していただいたお客様にフォローしてもらう」「LINEを使ってInstagramに誘導する」「Instagramの中でアカウントを見つけてもらいフォローしてもらう」などの方法があります。

こちらからできる施策としては、「『いいね』をつける」「フォローする」などが効果的です。具体的なポイントは次の通り。

【「いいね」をつける】

- ハッシュタグで店舗エリア周辺に住んでいる方が行きそうな場所を検索してターゲットを見つける（1つの投稿だけでなく4～5個の投稿に「いいね」をつけたほうが反応を増や

せる）
●フォローしてくれた人や「いいね」をしてくれた人のフォロワーに「いいね」をつける

【フォローする】
●フォロワーよりもフォローしている数が多いアカウントはフォローバック（フォローを返してくれること）の確率が高いため、「いいね」をつけた後にフォローをする
※フォローとフォロワー数のバランスが悪いアカウントにならないように注意
●店内のPOPでInstagramを更新していることを知らせたり、フォローした場合の特典を用意したりするとフォローが得やすくなる

【「いいね」やフォローの注意事項】

Instagramでは、フォロワーを増やすためにコメントや「いいね」を大量に行うアカウントに制限をかけています。「いいね」の場合、24時間で1000以上、フォローは1時間に200以上行うと制限がかかります。

その他「ハッシュタグ」も1投稿あたり30個以上で制限がかかりますし、「コメント」は1時間に15個以上で制限がかかるとされています（アルゴリズムの変更によって変わる場

合がある)。

フォローの条件が7500人まで。フォロワーの人数にかかわらず、7500人を超えてフォローをしようとするとエラーメッセージが表示されます。その他、利用規約に違反しないよう、最新の情報をチェックしておくことが大切です。

LINE公式アカウントの運用術

LINE公式アカウントは、ビジネス向けのLINEアカウントです。お客様に向けて一斉にメッセージを送ったり、個別にやりとりしたりすることができます。LINEを活用するべき理由は次の通り。

●ポイントカード機能を使って販売促進ができる
「お友達登録」をしてもらうことでLINE機能の「ポイントカード」を管理できます。管理が容易なことに加え、それがLINEで友達になってもらう理由にもなります。

●お知らせが送れる
店舗からの案内や急な営業時間の変更なども送ることができます。

・DMが送れる

お客様によってはすぐにコースの契約をされない方もいます。そういった方にもLINEを使えば来店後にお店からアプローチできます。メンテナンス期に入ったお客様の来店頻度の調整にも使えます。お客様からの質問にも個別対応ができ、満足度を向上できます。

具体的な取り組みとしては、次のようなポイントがあります。

1．友達の追加

・店舗で積極的に呼びかける（新規の方には会計時に案内するなど）

例：「お店のLINEアカウントを友達追加していただくと、次回のご予約が気軽にLINEから取れたり、1回無料のオトクなクーポンをゲットできたりしますので、ぜひお友達登録をお願いします」（QR読み取りのPOPなどを用意しておくと便利）

・SNSでアカウントのIDもしくはQRコードをつけて投稿する

例：「LINEのメッセージや予約アイコンから予約が取れます」「直前予約や予約の変更など気軽に問い合わせができます」など、登録のメリットを積極的に発信する

2.友達登録後にできる工夫

- **登録名をお客様のフルネーム（漢字）に変える**
- **メッセージを送る**（「お客様とお話ししたこと〔なるべくプライベートなこと〕＋テンプレ＋またお会いできるのを楽しみにしています＋担当者名」など）

※ご来店のお礼だけでなく、来店期間が空いた場合や、回数券の有効期限が近い方へもメッセージを送る

【メッセージ例】

- **回数券をお持ちで来店期間が空いている方**

例：「回数券の有効期限が◯日までとなっております。効率よく汚れを落としていくためにも、お忙しいかと思いますがご来店お待ちしていますね。」

- **回数券を消化し、その後来店がない方**

例：「新しい汚れがつく前に古い汚れにアプローチするため、なるべく期間を空けずに◯日頃までには次回の施術を行うことをオススメいたします。◯様の目標トーンまでしっかりサポートさせていただきますので一緒にがんばりましょう。」

・回数券を消化してメンテナンスへ移行したけれど次回予約がない方

例：「ご自身で気が付かないうちに色戻りしてしまい、汚れが頑固になってしまうこともあります。最初のメンテナンスは◯日頃までにご来店いただくのがベストです。」

・家が遠くてなかなか来られない方、忙しい方

例：「当日の直前予約も可能ですので、またお近くにお越しの際にはお気軽にご連絡ください。」「前回は◯回分でしたが、短期集中で3回分まとめて受けていただくことも可能です。」

メッセージはテキストの他、画像や音声などを送ることも可能です。店休日のお知らせ、キャンペーン、歯の豆知識など定期的にメッセージ配信を行うことで、休眠顧客へのアプローチができます。

Googleビジネスプロフィールの活用術（MEO対策）

Googleビジネスプロフィールは、Googleが提供している情報管理ツールです。無料で利用でき、Googleマップの検索結果に表示されることに加え、お店の基本情報や口コミなどもチェックできるため影響力は大きいです。

しかもGoogleマップは、スマホからでも直感的に利用することができ、行きたいお店の情報をその場で調べることができます。そこでの検索結果が集客に直結するため、「Googleビジネスプロフィールの登録」や「オーナー確認」は必ず行いましょう。

それだけでも利用できますが、「キーワードとの関連性」「エリアや距離」「視認性の高さ」などは検索結果に影響しやすいため、店舗情報や営業時間を含め、正確な情報を入力することが大切です。

加えて、口コミもできるだけチェックするようにしてください。良い口コミを得られるように接客やサービス内容を見直すことはもちろん、Googleマップでは口コミに対して「返信」することもできるので、そうした活動も継続していきましょう。

あとは、お店の写真や商品などを掲載することで、より利用者にとってわかりやすくなります。人気店の活動内容を参考にしつつ、できる施策を行ってください。

Googleビジネスプロフィールの情報を充実させたり、ユーザーからの高評価を増やしたり、投稿したりすることによって、「地域名＋サービス名」などを検索（ローカル検索）した際に上位表示されるようになります。これがＭＥＯ（Map Engine Optimization）の基本です。

Google社によると、ローカル検索をスマホから行ったお客様の50%、パソコンから行ったお客様の34%がその日のうちに店舗を訪れるというデータもあるようです。

ただし、このローカル検索の上位に上げるには地道な努力が必要です。高評価はお客様からいただくものですし、投稿も日々の継続によって効果が出ます。そのため弊社では、検索してくださったお客様も取り入れるために広告運用を行っています。

短期的な効果を広告で獲得し、長期的な効果を地道な努力で作る。それらの相乗効果によって、さらにお客様を増やしていくことができます。

【短期で効果の出る取り組み】

- **リスティング広告**（ホワイトニングなどの関連キーワードで検索されたときに、上位に表示される広告）

※コントロールしやすいが、費用はかかる

【長期で効果の出る取り組み】

- **SNSの運用、日々の投稿**

※コントロールしにくいが、費用はかからない

上記の内容を踏まえてGoogleビジネスプロフィールでは以下の４点を重点的に行います。

1. 写真投稿を更新する

- 店内イメージやお客様の写真・スタッフの写真などをアップする
- お客様が見て行きたくなるような写真を選んで追加する
- 店内の写真は極力、プロのカメラマンに撮影してもらう
- 過去にアップした写真で、どんな写真の閲覧数が多いかをチェックする
- キャンペーン情報などは終了時にきちんと削除する

2. 営業日時の設定・店休日

- 店休日を入力する
- 祝日や年末年始などの特別営業日を設定する
- 営業時間を変更した場合はすみやかに更新する

3. 口コミ集め&口コミへの返信

- 口コミがあるとメールが届くので、その日のうちに返信する

　例：本日はご来店いただきましてありがとうございました！　貴重な口コミ投稿も大変嬉しいです！　次回もしっかりサポートさせていただきますのでよろしくお願いいたします☆　担当○○

4. 最新投稿を更新する

- 2〜3日に1回は必ず更新する
- Instagram に投稿した内容をコピーして投稿するだけでもOKです（ただし Google の規約に注意）

SEO対策

　SEOとは「Search Engine Optimization」の略称で、日本語では「検索エンジン最適化」と言います。Google などで検索をかけたときに上位表示されるための工夫で、次のような方法があります。

・ウェブサイト全体の利用しやすさ（ユーザビリティ）を向上させる
・有益なコンテンツの作成と掲載を行う
・記事ごとの被リンク（外部のウェブサイトから自分のウェブサイトに貼られたリンクのこと）を整備する
・ＨＴＭＬタグを最適化し、インデックスの正確性を高める
・外部サイトからの被リンクを獲得する
・検索エンジンが掲げている禁止事項などを排除する

こうした基礎的な対策を地道に行い、ウェブサイト自体を育てていくことで検索エンジンでの上位表示が可能となります。

ＳＥＯが重要なのは、一見客やリピート客の獲得、あるいは周知拡大にも、ネット検索における上位表示が大きなポイントとなるためです。

サロン経営に限ったことではありませんが、お客様の種類は大きく「顕在化しているニーズ」と「潜在化しているニーズ」に分けることができます。顕在化しているニーズとは、すでにそのお店のことを知っていただいており、その必要性についても認識されているということ。一方で潜在化しているニーズは、まだ知っていただいていないか、あるいは知っていたとしてもその必要性が認識されていないケースです。

オーナーは、それぞれの種類があることをきちんと理解し、そのどちらにもアプローチできる施策を講じていくことが求められるのですが、とくに顕在化しているニーズに対してはネット検索が重要。現代人の多くは、どこかのお店に行こうとするとき、まずネットで検索することが多いためです。

中でもサロン系の集客においては、多くの方に知ってもらうだけでなく、「その地域の人々に知られている」ことが大事。「地域ナンバーワン」を目指すのが理想で、それにより経営も安定化しやすくなります。

では、どんなキーワードで検索上位になればいいのか。

中でも意識したいのは「ホワイトニング＋地域名」です。「ホワイトニング＋地域名」を踏まえつつ有益な記事をアップし、SNS等でもシェアされることを目指しましょう。同時に他の優良サイトと相互にリンクを貼り合うなど、サイト自体のパワーを高めていくことで、検索からの集客のペースも加速してきます。

ホットペッパービューティーの活用術

チラシを自分で作り、それを近隣の住宅やマンション等に投函するのも1つの方法です。

作ることから配るところまで自分で行えば、お金は紙代や印刷代だけで済みます。一方で、チラシの制作を外注したり新聞の折り込み広告を活用したりするのは地域住民にアプローチしやすい反面、有料なので効果をきちんと検討したうえで行う必要があります。とくにセルフホワイトニングサロンのターゲットである20代前後の男女に伝わるかどうかを考慮する必要がありそうです。

ある程度費用をかけられる場合は、その地域でよく見られている「フリーペーパー」への出稿も検討すると良いでしょう。代表的なものとしては、「ホットペッパービューティー」が挙げられます。全国展開していることに加え、掲載数やネット予約の利用者数も非常に多いのが特徴です。

運営するリクルートによると、ジャンル別の掲載数はヘアサロンが５万６０００店以上、リラクゼーションやエステは８万１０００店以上とされています（２０２３年６月時点）。年間ネット予約数は１億件以上で、ヘアサロンだけで１億件超、リラクゼーションやエステで６５００万件以上です。

こうしたサービスを上手に活用することで、より多くの人に知ってもらい、かつ利用者の獲得につなげられる可能性があります。

最初のうちは、広告に出稿するやり方やその効果についてもわからないことが多いと思いますが、同サービスでは価格やプラン、シミュレーションなども含めて提案してもらえます。運用しながら効果測定をすると良いでしょう。

掲載の流れは「①申し込み」「②打ち合わせ」「③最終確認」「④掲載」という手順で、担当者がつくので安心して利用できます。またその他にも、類似のサービスとしては次のようなものが挙げられます。

- **エキテン**
- **EPARKリラク&エステ**
- **楽天ビューティー**
- **minimo（ミニモ）**
- **OZmall（オズモール）**
- **ビューティーパーク**
- **Beauty navi（ビューティーナビ）**
- **coming-soon（カミングスーン）**

それぞれ特徴が異なるため、自分が使いやすいと思うものを、予算の都合も加味しながら選ぶようにしましょう。利用者数や掲載数だけでなく、「ターゲット層に届くかどうか」をチェックすることが大切です。見込み客に該当する層の人がその媒体を見ているかどうかを確認しておきましょう。

◆「人が集まるところにお金をかければいい」は安直

弊社では、過去に全国規模のファッション系イベントに出店したことがあります。「神戸コレクション」というイベントで、毎年行われているのですが、ファッションだけでなく地域の魅力を幅広く届けているのが特徴です。歴史もあり、有名な「関西コレクション」や「東京ガールズコレクション」などよりも前から行われています。いわゆる「リアル・クローズ（現実性のある服）」を対象としたファッションショーの先駆け的な存在として、多くの方に親しまれています。

神戸コレクションがスタートしたきっかけは、阪神・淡路大震災後の街を活性化させようとする目的もあったようです。規模感は、関西コレクションの来場者数が約４万人なのに対し、神戸コレクションは１万２０００人前後と少し見劣りしますが、それでも集客力はかなりのものです。

そこで私は、セルフホワイトニングサロンをより多くの方に知ってもらうべく、まだ神戸で１店舗だけしかないときにブース出店することにしたのです。費用は50万円でした。

会場に訪れる客層は、若い人が多いですし、何よりファッションや美容に興味・関心がある方が大半と予想できます。そのため、ホワイトニングとの相性もいいだろうと考えていたのですが、蓋《ふた》を開けてみると集客にはつながりませんでした。

理由としては、神戸だけでなく全国から来場者があったことが挙げられます。たとえ知ってもらえたとしても、それがのちの来店には結びつかなかったのです。

全国的に店舗があるお店であればそれでも良かったのですが、まだ神戸にしか店舗がなく、他の地域から来ている人は通うのが難しい状況です。それにもかかわらず、来場者数や若い人に人気があることにのみ着目して出店した結果、失敗を通じて学ぶことになりました。

創業時の50万円は決して小さくありません。私はそうした経験を経て、宣伝方法やその効果についてより慎重に考えるようになりました。広告宣伝をする際には、ぜひ方法や効果性についても考えるようにしてください。そうすれば、私と同じような失敗はしなくて済みます。

◆各種イベントやオリジナル商品の活用

お客様はお店のことをすぐには覚えてはくれません。知ってもらうのはもちろん、お店に来てもらい、さらには何度も通ってもらうためのハードルは決して低くなく、競合他社が多いエリアであればなおさらです。他社との競争に勝たなければお客様に選んでもらえません。

一度来店してくれたお客様であっても、きちんとアプローチしなければすぐに忘れられてしまいます。「来てくれたから大丈夫だろう」と考えてしまうのは、お店側の都合しか見ていない人の発想。やはり、ちゃんと覚えてもらうための工夫が欠かせないと認識するべきです。

例えば「店舗名」について。覚えやすい名前であれば、すぐに記憶してもらえると思うかもしれませんが、お客様の多くはあっという間に忘れてしまいます。現代は情報があふれており、接する固有名詞も多く、つい先日行ったお店の名前すら思い出せないことがよくあるのです。

そのまま店舗名を思い出すことができなければ、別のお店に行ってしまう可能性もあります。ネット検索をして「ちょっとこっちの店舗にも行ってみようかな」と思うこともあるでしょう。覚えてもらう努力をすることが重要なのだと理解してください。

弊社でも「違う店に予約を入れたのに、間違えて来てしまった」というお客様がいらっしゃるケースがありますし、私自身初めて行ったヘアサロンなどは場所は覚えているのにお店の名前が思い出せないなんてことがあります。数か月もそのお店に行かなかったとすれば、店舗名はお客様の記憶からほとんど消えてしまうでしょう。

だからこそ何度も形を変えてコンタクトを取り、覚えてもらうための工夫を重ねてください。LINEでのメッセージ、SNSでの投稿やフォローなどに加え、季節ごとにイベントを行うなどお客様の目につく施策を講じていきましょう。

ホワイトニングカフェの事例では、オープン時の「0円キャンペーン」や学生向けの「ホワイトニングデビュー学割」に加え、「ハロウィンイベント」や「クリスマスプレゼント企画」など、様々なイベントを通じてお客様との接点を作っています（当然その内容や告知もSNSで発信しています）。地域のイベント等（ミス・キャンパス、ミス・ユニバースなど）への積極的な参加も推奨しています。

その他にもノベルティを配布することで店舗名を目にしてもらったり、オリジナル商品を販売したりすることも同様の効果が得られます。予算との兼ね合いになりますが、（とくに女性の）お客様にとって「家に置きたくなる」「つい使いたくなる」デザインにすることは心がけておくべき。そうでなければ使ってもらえません。

弊社のホームケア商品「home」もその点を非常に重視しています。

第5章

セルフホワイトニング経営における「接客」の極意

セルフホワイトニングサロンでは、セルフとはいえ店頭に立ってお客様と接する（接客をする）のが基本です。近年では完全無人のセルフホワイトニングサロンも増えていますが、私はあくまでも「美容サロン」としての接客が重要であり、そちらのほうがお客様にも選ばれやすいと考えています。

接客は、オーナーが自ら対応しても問題ないのですが、将来的にお店を大きくしていきたいのであれば、人を雇うことも視野に入れておくべきです。スタッフを雇用することで稼働日数を増やせますし、オーナーも経営に集中できるようになります。

そこで学ぶ順番としては

1. お客様への対応
2. 人材採用
3. 人材育成

となるでしょう。

まずは基本的な接客についてオーナーがきちんと理解し、そのうえでスタッフの採用と育成についても理解すれば「どうお店を運営すればいいのか」「どんな人を採用すればいいのか」「どのような研修をすればいいのか」もイメージしやすくなります。

本章ではその順番でポイントを解説していきます。

◆1．お客様への対応

衛生・身だしなみ等の基本事項を明文化する

開店後にお店を盛り上げていくには、集客に加えて、お店の評価を高めつつリピーターとして通っていただくための環境作りが欠かせません。

セルフホワイトニングサロンにおいては、施術をするのはお客様自身なので、技術力やサービス内容で差をつけるのには限界があります。あるいは価格についても、安易な値下げや割引は逆効果になる可能性があり、慎重に検討することが求められます（詳しくは後述します）。

そうなると、お店で働いているスタッフの接客がポイントになる。そこに接客マニュアルの整備や人材採用および育成の重要性があります。接客のクオリティを高めていく方法は多岐にわたるのですが、できることから1つずつ行動に移していくことが大事です。

弊社では「お客様の要望を察して行動する。常にお客様の立場に立って接すること」を接客業の定義とし、それを実践するためのマニュアルもきちんと用意しています。例えば基本的な内容としては、次のような項目を定めています。

【衛生管理】

・十分な換気

換気を行わないと臭いがこもり、湿度が高くなってしまう。お客様に不快な思いを与えないよう、十分な換気や空気清浄を行うこと。

・消毒や除菌の徹底

1日に多くのお客様に接するので、消毒や除菌、日頃からの手洗い・うがい、手指消毒を怠らないこと。接客の前後には手洗いや手指消毒をする。

・施術スペースを清潔に保つ

洗面台に汚れはないか、ワゴン上やLEDライトにほこり等の汚れはないか、ひざ掛けやクッションなどの布製品はシミ・汚れに気を配り、汚れがあるものは清潔感に欠けるので絶対に使わないこと。定期的に洗濯をして使用する。

・定期的な清掃と点検

開店前の清掃と点検以外に、業務中も清潔感が保たれているかチェックをする。とくにトイレや水まわりは汚れやすいため1日に数回は清掃を行うこと。

【身だしなみ】

- 髪の毛に関する規定
- メイクに関する規定
- 香水に関する規定
- 食後の歯磨き
- ネイルに関する規定
- アクセサリーに関する規定
- ユニフォームの統一
- その他（マスクの取り扱いなど）

【接客マナー】

- 会話（声の大きさや速度など）
- 言葉遣い（敬語の使い方など）
- 挨拶（お辞儀の仕方も含む）
- タブー（生活音、店内を走ること、スタッフ同士の私語など）

その他にも「電話対応」や「クレーム対応」に加え、従業員が気持ちよく安心して働ける環境を整備するための「社内ルール」「緊急事態対応（防災や事件・事故への対応など）」「ハラスメントへの取り組み」なども明文化しています。

クレームの内容としては、主に「サービス内容」に関するものと「店舗運営」に関するものがあり、サービスに関して多いのは「思ったより白くならなかった」という内容です。お客様に説明する際、過度な期待を抱かせてしまうとクレームにつながりやすくなるため、写真などを活用して施術後のイメージを適切に伝えることが大切です。

一方で店舗運営に関しては、「予約の時間に行ったのに待たされた」などのクレームがあります。これは、各店舗のオーナーや店長によるオペレーションに原因があり、謝罪の仕方や言葉遣いを工夫するだけでもお客様の不満を和らげられます。

いずれの場合も、マニュアルを整備してスタッフ教育に力を入れれば未然に防げます。

こうした環境の整備は地味な作業ではありますが、基本がなければ発展もありません。その場しのぎでこなすのではなく、誰が行っても同一レベルのサービスを提供できるように準備を重ねていきましょう。

店内ルールや規定は整備するだけでなく、状況に応じてアップデートすることが大切です。店舗運営を取り巻く環境は刻々と変化します。想定外のトラブルが発生することもあるため、適宜店内ルールや規定を見直しましょう。

お客様に選ばれる店は「強み」がある

漫然と店舗運営をしていると、日々の業務で手一杯になり、お客様の状況を深く考える余裕がなくなることも少なくありません。しかしそれだと、お客様が増えたり減ったりしたときにその原因がわからず、改善に結びつけられないでしょう。

もしくはリピーターの獲得に関しても、それが多いのか少ないのか、少ないのであれば何がいけないのかをきちんと確認することが大事です。そうした点に意識的になることが、お客様に選ばれるお店になるためには欠かせません。

私の経験上、伸び悩む店舗には次のような特徴があります。いずれも改善できることばかりですが、行動に移すか移さないかはオーナー次第です。

- **新規客を追い求め、リピーターを大切にしていない**
- **オーナー（店長）が「待ち」「受け身」の状態である**
- **改善を諦めている**
- **辞める人が多く、スタッフの入れ替わりが激しい**

・オーナーの都合でしばしば店舗を閉めている（臨時休業などが多い）

関連する視点として、他店との差別化が大事です。他店との違いを深く理解していれば、その強みを活かしたり、さらに伸ばしたりすることでお客様を増やしやすくなります。自社の強みがお客様に選ばれるポイントになっていれば、価格競争に巻き込まれることなくリピーターを獲得できます。

弊社の場合もそうですが、より安いお店があるにもかかわらず、４９８０円で利用してくれる方がたくさんいます。それは私たちの店舗のブランド価値を認識していただいている証拠だと思います。

一例を挙げると、

・しみない、痛くない

・短時間で施術できる（最短30分）

・すぐに飲食できる（食事制限がない）

などは他のセルフホワイトニングサロンにもある利点ですが、以下は弊社「ホワイトニングカフェ」独自の強み（ブランド価値）です。

・効果と安全性へのこだわり

ホワイト溶液の主成分は、食品や歯磨き粉にも使用されている安全性の高い無機化合物「酸化チタン」。老若男女問わず年間10万人以上のお客様にご利用いただいている、安心の実績です。

●歯科医師も認めるクオリティ

日本トップクラスのメーカーが監修し制作したオリジナルのホワイト溶液は、認可された国内工場で安全に製造されています。LEDライトの光も、人体に影響を与える紫外線を発しない波長域に位置する「可視光線」帯の青色LEDライトであることが、国内の検証機関において検証・試験済みです。

●きちんと結果が出る

社員マニュアルを用いて研修を受けた経験豊富なスタッフが、少ない施術回数で白さを実感できるよう必要なサポートを実施。低価格でも最大限の効果を得られます。

●予約は24時間対応。当日予約もOK

予約はインターネットから24時間いつでも可能。日時の選択とフォームの入力だけの簡単操作に加えて当日の直前予約もできるため「ちょっと時間が空いた」ときでも気軽に通うことができます。

・デザインや居心地の良さを追求

ホワイトニングカフェならではの白と青を基調とした店内は、お客様の居心地を向上させることに貢献。オリジナルのホームケア商品「home」もデザインにこだわった統一感のあるラインナップを用意しています。

・各種SNSの活用

InstagramやLINEをはじめとする各種SNSの活用によって、お客様はいつでもどこでもホワイトニングカフェの情報を入手できます。とくにLINEは、お得なポイントカード機能やクーポンもゲットできるので通うハードルを下げてくれます。

店舗運営の改善のためには常に「基本」に立ち返る

店舗運営は状況を踏まえて改善していくのが基本。状況は刻々と変化しており、そうした事情を加味しながら対応していく必要があるためです。改善のためにできることを考える際には、次の公式に立ち返りましょう。

●売上＝客数×成約率×客単価

この公式を踏まえたうえで、新規顧客やリピート客の獲得をどうすればいいのかを考え、戦略的に行動していきます。

例えば「月１００万円の売上を上げるにはどうすればいいのか」「１か月に何人集客すればいいのか」「１日にするとどうなるのか」「客単価についてはどうか」などを検討し、接客を見直したり広告宣伝を積極的に行ってみたり、あるいは席を増やしたりなどの方法が考えられます。回数券やサブスクリプション（定期購入、継続購入）のメニューを用意して、売上を安定化させるのも１つの方法です。

これ以上の集客が難しいと思われるエリアであれば、客単価を高めるための努力をするべきです。つまりオプションの提供やオリジナル商品の販売に力を入れるのですが、単純に考えて、５０００円の客単価が倍の１万円になれば来店人数は半分で良いことになります。

弊社の場合だと、とくに通い始めの時期に効率よく歯の汚れを落とす方法として、「サロンケア（セルフホワイトニングサロンで行う施術）」と「ホームケア（自宅での歯磨きやトリートメント）」の両方を行うことを推奨しています。お客様により効果を実感していただくのが目的ですが、結果的に客単価の向上にも貢献しています。

集客や客単価以外にも、基本的な接客の改善で効果が出る場合もあります。最新設備を導入するのもいいですが、基本的な接客態度（声の大きさ、言葉遣い、挨拶など）やマニュアルの中身を見直してみましょう。

日々の営業結果を踏まえて、その店舗ならではの目標を設定し、そこに近づけるべく努力を重ねていくことが改善の基本です。それらは店舗運営や経営全体と紐づいており、トータルで考えるべきでしょう。

経営が思うようにいかないときは、常に「売上＝客数×成約率×客単価」という公式に立ち返ること。そこから次の打ち手が見つかります。経営は数字を基準に考えることが大切です。このあたりはマインドの問題になりますが、店舗経営の経験がない人ほど間違った方向に進みやすいためぜひ改善のための基本行動（公式に立ち返ること）を頭に入れておいてください。

安易な値下げは危険

安易な値下げや低価格設定は良策とは言えません。とくにお客様の満足度という観点からマイナスに作用するケースが多いです。

なぜなら美容業はサービスやクオリティの違いが非常に重要だから。つまり単純に「安ければいい」「安いほうが選ばれる」わけではないのです。その違いを理解しているかどうかが、値下げするべきか否かの判断につながります。

第3章でも紹介した弊社の事例で考えてみましょう。

前述の通り「ホワイトニングカフェ」の1店舗目は神戸（三宮）に出店しました。当時からホワイトニングの価格は４９８０円です。価格決定をするとき「少し高いかな」とも思ったのですが、私はこの価格で全国展開することに決めました。

当初こそ苦戦しましたが、経営は順調に推移し、2店舗目は札幌に出店。札幌は大企業が新商品を売り出す際のテストマーケティング（新商品や新サービスを大々的に売り出す前に一部の市場で試験的に販売して反応や需要をチェックするマーケティング手法）に使われるほど感度の高い街です。すでにセルフホワイトニングサロンの競合店がいくつか出店していました。

当時の段階で、他社の価格は3980円がメインで、中には2980円の激安サロンもありました。弊社とは1000〜2000円の差となり、とくに若いお客様にとっては大きな違いです。「ライバル店の価格に合わせないと生き残れないかも……」とも考えたのですが、私は価格に見合ったサービスを提供している自信はありました。それに「全国同一サービス、同一価格のほうがいい」という考えがあり、競合他社が多い札幌でも料金を下げなかったのです。

そうして2年が経ち、3年が経ったとき、「撤退するので、居抜きで買ってもらえませんか?」と安売りをしていた競合他社から連絡が入りました。競合他社は安売りによって一時的な集客には成功したものの、継続的な利益を出せなかったのです。近隣の安売りサロンはバタバタと閉店し、最終的には弊社だけが生き残りました。

これが価格の実態です。私たちはつい「安売りはお客様のため」と思ってしまいがちですが、「本当にそうなのか?」をあらためて考えなければなりません。ダンピング競争をしても良いことは1つもありません。安すぎる価格設定は、品質低下をもたらし、お客様へのサービス低下につながります。

ある安売りのセルフホワイトニング店では、学生アルバイトにわずか2時間程度、機械の操作方法を教えて研修を終え、すぐに現場に立たせているようです。基本的な知識や経験がないアルバイトが、そのままの状態でお店に出ているため、その店はいつもお客様からのクレームが絶えないと聞きます。それでは口コミも悪くなりますし、リピーターを獲得することもできないでしょう。

すべてのお客様が安い店に行くということはありません。高い店と安い店を比較した場合、通常は高い店のほうが品質がいいとお客様は肌で知っています。教育が徹底されているお店はスタッフが専門知識やノウハウをしっかり学んでいます。もちろん弊社も社員教育には力を入れています。おもてなしも含め、お客様に安心・安全・満足を与えることが、サロンの目的の１つだと考えているからです。

キャンペーンなどは「地域特性」に合わせて実施する

価格設定に付随する話として、キャンペーンの打ち出しやその頻度なども関連する、「地域特性」についても考えてみましょう。

スタッフを教育することで接客態度やコミュニケーションスキルを高めることはできますが、それ以外の部分でも、新規客およびリピート客を獲得する工夫は可能です。

それがキャンペーンやイベントなどの企画なのですが、そうした施策をする理由は、お客様に対して「来店する理由」を作ることにあります。

とくにホワイトニングの場合、美容の一部であるため、必ずしも行かなければならない理由があるとは限りません。

もちろん、美意識の高い人は積極的に通ってくれますが、そうでない人は「もう少し先でいいか」「また時間ができたら行こう」などと考えるものです。

そのような人たちに対し、「近いうちに行こう」「この日までに行こう」と思っていただくには、キャンペーンなどが非常に効果的なのです。

そうしてそのような施策は、地域特性を踏まえて実施することがポイントです。それにより、さらに効果を高めることが期待できるためです。

具体例を挙げてみましょう。

例えば弊社ホワイトニングカフェの場合、札幌の店舗では1月や2月はお客様の来店が少なくなります。やはり寒さや雪の影響で、人が外に出たがらないためです。

そのような時期に集客を加速するには、「1月と2月の時期だけ使えるキャンペーンのチケット」を配布するのが良いでしょう。

割引券を活用することで、たとえ一時的に利益が少なくなったとしても、来店客を増やすことができます。

また、お店の存在を知ってもらえる機会にもなるので、とくに人が少ない時期があれば積極的に活用することをオススメします。ただし、あくまでもその地域の特性をよく理解したうえで利用してください。いたずらに使っていると、値下げと変わらなくなってしまうので注意しましょう。

ちなみに、1月や2月に集客したいのであれば、その前の12月には配布しておく必要があります。そのように、先手を打って動いていくことが大事です。

集客の状況がきちんと認識できていれば、1年の計画を通して、キャンペーンのスケジューリングをすることも可能となります。

より計画的に動けるようになれば、施策の効果も上がり、経営も安定してきます。その前提として、ぜひ出店する地域・エリアの状況をチェックするようにしてください。

補足として、「どこに配布すればいいのか」については、やはりターゲット層を意識することが大事です。20代前後の男女であれば、駅前や大学の近くなどがベストでしょう。

あとは、その地域のどこに若い人が集まっているのかを調査し、そこから逆算して、キャンペーンの内容や周知方法を検討してください。

ライバル店とはケンカしない

「ライバル店の捉え方」についても解説しておきましょう。それにより、経営に対する姿勢や対処の方向性も変わってくるためです。

とくに競争が激しいエリアであれば、同業他社を意識するのが一般的です。その地域におけるお客様の奪い合いになるケースが多いためです。

ただ、私自身としては、「ライバル店とはケンカしない」ことが大事だと考えています。とくに、ライバル店への嫌がらせなどは厳に慎むべきです。

その理由は、私たちが目を向けるべきは、ライバル店ではなくお客様だからです。他のお店のことを考え、お客様のほうに目が行かなくなってしまえば本末転倒。そうした認識があるかどうかによって、お店が繁盛するかどうかも決まってきます。やはりいつでも、お客様のことを考えている店舗が人気を獲得するものです。

事実、他店から嫌がらせを受けることもあります。口コミを操作されたり、架空の予約を入れられたりなど、枚挙にいとまがありません。しかし、そのようなライバル店の行動をコントロールすることは、私たちには不可能です。一方で、それにどう対処するかというのは、自らの選択次第。

つまり、嫌がらせに対抗して同じことをするのか、それとも気にしないでお客様のほうを向き続けるのかは、オーナー次第なのです。

もちろん、悪質な行為に対しては毅然とした対応を取るべきですが、そこまでではない場合は無視して、お客様に尽くすのがベストです。

そうしているうちに、ライバル店は続かなくなり、撤退していくものです。これまでの経験上、そのような行為を繰り返している店舗はほぼ消えているように思います。

だから私は、決して仕返しなどしません。ライバル店の行為に意識を向けることすらありません。それよりも、日々、やるべきことに注力しています。

そのような地道な努力は、お客様にも必ず伝わります。最終的には、愚直にやるべきことをやっている店舗だけが生き残るのです。

感情的になってしまうのもわかりますが、経営はあくまでも数字が大事ですし、その前提としてお客様の存在がすべてです。

ときどき、お客様から「○○店の人がホワイトニングカフェの悪口を言ってたよ」などと教えていただくこともありますが、それは私たちとお客様との関係がきちんと構築されているから。そうしたお客様は、何を言われても、他店には流れていかないものです。

ライバル店への対応は、オーナーの度量にも関係してきます。常にお客様のほうを向き、ライバル店とはケンカしないようにしましょう。

◆2. 人材採用

採用の基本は「絞り込み」

スタッフを採用する際には、求人広告などの媒体を使うのが一般的です。とくにそのエリアでよく使われている媒体は、採用に直結するため必須と言えるでしょう。弊社では過去、次のような媒体を使用しています。

- **indeed**
- **エンゲージ**
- **リジョブ**
- **タウンワーク**
- **ハローワーク**
- **Wantedly**

ただ、人を採用した経験がないオーナーの場合、どのような内容でどのくらいの応募があるのかはなかなかイメージしにくいと思います。

私自身もそうだったのですが、オープニングスタッフを募集した際、たった1回の募集に約200人もの応募がありました。

ちなみに募集内容としては「ホワイトニングサロンの受付。1日2時間、週2日からOK。未経験可」といった内容でした。「何人かは集まるだろう」という見立てだったのですが、予想をはるかに超えたためその対応に苦慮しました。

対策としては、求める人材を明確に言語化し、対象を事前に絞り込んでおくこと。絞り込みが行われていないと、対象者でない人も含めて集まる可能性があります。応募者が全然いないよりは良いかもしれませんが、そのぶん選考が大変です。

どうしても人が集まらない場合のみ採用のハードルを下げることを検討し、事前の絞り込みを行いましょう。

こちらも弊社の事例ですが、「求める人材」は次のように細かく記載しています。

- **主体的に行動する方**
- **いかなる変化にも柔軟に対応し、前進できる方**
- **課題解決のために適切な計画を立てることができる方**
- **前向きな考え方やモチベーションを維持できる方**

・相手の気持ちになって考え、気配りができる方
・長期的に働きたいと思っている方
・SNSやホームページで顔写真の公開が可能な方
・その他、年齢・学歴・経験・資格などによる応募条件は一切ありませんが、時間や約束を守る、敬語が使える等の最低限のマナーが守れること、きれい好きであること、美容に興味があり積極的に勉強して知識をつけていく気持ちがあることは必須条件になります。歯科衛生士、接客業の経験のある方、美容やファッションが好きな方、明るく人と接するのが好きな方は大歓迎です。

セルフホワイトニングサロンは歯医者とは異なり、医療行為を提供する場ではありません。あくまでも主眼は〝美容〟です。ですから知識や経験はほとんど問われませんが、お客様に対応する以上、最低限のコミュニケーションスキルは必要となります。むしろコミュニケーションスキルが高く、お客様に好かれるタイプの人ほど、現場で活躍しやすい傾向があります。

また、ホワイトニングサロンという性質上、スタッフには清潔感や美意識があるかどうかも問われます。清潔感や美意識はサロンのイメージにもつながるため、それらをしっかかりと持っていることが欠かせないのです。

オーナーは自分好みの女性スタッフを採用するな

「社長って、ほんとーーーに、女性を見るがないですね！」

あるとき、うちの若い女性スタッフからそう言われたことがあります。

理由を詳しく聞いてみると、「あの女の子、社長の前ではネコかぶってますけど、他のスタッフへの態度は最悪で裏表がすごいんですよ」と言うのです。

私自身としては、人柄までちゃんと見ているつもりだったのですが、その本性までは見抜けていなかったのでしょう。

しかし一緒に働いているスタッフには、問題点が見えていたようです。

もともとセルフホワイトニングサロンのスタッフは、お客様と年齢的に近い20代の男女がメインです。

そのため、とくに男性オーナーは、スタッフがどのようなことを考え行動しているのかイメージしにくい部分もあると思います。

各オーナーは、まず、そうした事実を認識しておくことが大切です。そのうえで、自分の直感を信じすぎないほうが良いでしょう。

事実、あるオーナーは、見た目がかわいくてオシャレな、好みのタイプの女性を採用してとんでもない目に遭いました。

あろうことか、彼はその女性スタッフと恋愛関係になってしまったのです。

オーナーと付き合い始めた途端、その女性スタッフはやりたい放題になりました。他のスタッフを見下して命令する、無断で遅刻欠勤をする、販売品を持ち帰るなどです。しかもオーナーの前ではいい子ぶるので、他のスタッフは怒り、店内の雰囲気は最悪の状態に。

そして、売上も徐々に下がり、ついには閉店してしまったのです。

サロンのオーナーは人を見る目が必要です。私も「信用できる」と思って雇った女性スタッフに裏切られて頭を抱えたことがあります。

後からわかったことですが、彼女の履歴書の内容は学歴も資格もウソだらけでした。上司の前でネコをかぶる人は、世代や性別に関係なく存在します。

オーナーや店長など「上」の立場から、彼・彼女たちの本性を見破ることはまず不可能です。

では、どうしたらいいのでしょうか。

私は自分の店で、入社希望者にホワイトニングを体験してもらうことにしています。

表向きは、「お客様の立場でホワイトニングを体験し、身をもって理解してもらうため」ということになっていますが、実はこれ、スタッフによる最終面接なのです。

もし、１人の客として来店したとき、「スタッフに対してどのように振る舞うか？」がチェックポイントです。

同世代の同性同士ですから、スタッフはじつに細かいところまで確認し、役立つアドバイスをしてくれます。

この最終面接を取り入れてから、私は採用で失敗することが少なくなりました。

もちろん、恋愛は自由です。中には、店員同士、祝福を受けて結婚するカップルもいます。

しかし、恋愛感情と業務上の関係が入り乱れると、トラブルの火種になるのも事実です。ビジネス重視の路線でいくなら、決して自分の「好みのタイプ」を採用しないことが肝要です。

ちなみにスタッフは男性でも問題ありません。FCオーナーさんの中には、接客が上手な男性スタッフの活躍によって短期間で急激に売上を伸ばしたお店も。また、男性スタッフがいることでトラブル防止につながるケースもあります。

オーナーの負担を大幅に軽減する「店長」の存在

オーナーの中には、ご自身が経営に集中するべく「店長」を置く人もいます。店長とはつまり、自分の代わりに店舗管理等をしてくれる責任者のことです。

どこまで任せるのかはオーナーの裁量次第ですが、前述の「お金」や「人」のマネジメントを任せられる人がいれば、オーナーは経営などその他の業務に集中できます。それこそ、今後の集客戦略や出店に関する計画、さらにはスタッフの採用や教育など、様々な経営判断に時間と労力を割くことができるのです。

もちろん、サロン経営を始めた当初はワンオペで人件費を節約するのもアリですが、そうした経験を経た後に店長を置くと、負担が大幅に軽減されるのがわかるかと思います。その違いを知っておくことは、オーナーとしての成長につながるでしょう。いずれにしても、店長の存在が大きいことに気づくはずです。

すでに他の事業をしている方ならわかるかと思いますが、自分がいなくても回せる仕組みを用意することで、それだけビジネスは安定していきます。属人的なスキルではなく、システムとして事業環境を整備すれば、ビジネス自体の持続性が高まるからです。

そのうえで人を採用して教育し、店長として任せられるようになれば、店舗数を増やしても同じやり方で事業を展開することができるでしょう。

店長は女性スタッフのハンドリングがうまい人を

店舗の切り盛りをする店長には、当然マネジメントスキルが必要です。とくに重要なのは、スタッフをしっかり管理すること。なぜならお店の評判は、現場で働いているスタッフがきちんと接客してくれるかどうかによって、良くも悪くもなるためです。

お店の評判というのは、決して軽視できない要素です。リピーターの獲得に直接影響しますし、口コミによる集客状況を左右するためです。さらにクレームの有無やスタッフ同士の関係性など、マネジメントスキルによって店舗内の状況は大きく変わる可能性があります。

そのような意味において、店長がスタッフをしっかり管理できるかどうかが、そのお店の命運を分けると言っても過言ではないでしょう。ただ単に接客がうまかったり、あるいはお客様からの評判が良かったりする人を店長にしてしまうと、他のスタッフを活かせない場合があります。

プレイヤーとして優秀な人が、必ずしも店長としても力量を発揮できるとは限りません。

そのあたりは、オーナーがきちんと見極める必要があります。店長にどこまでの権限を与えるのかという点においては、オーナーの個性が出やすい部分です。任せられる〝度合い（許容量）〟は、人によって異なるためです。

例えば私は、基本的に、やりたいことを何でもやっていいというスタイルをとってきました。そのうえで、最終的な責任は自分で取るようにしてきたのです。そうすると、店長として任命された人も自由に仕事がしやすくなりますし、成長してくれたり、仕事にやりがいを感じてくれたりすることも多かったように思います。

ただし、ある程度の裁量を与えるということは、それだけ結果、とくに売上や利益への影響が大きくなることを意味します。オーナーが最終的な責任を取れるかどうかが重要で、信じて任せるのはたやすいことではないのです。

当然こちらのことも信頼してもらうべく、いつでも連絡がとれる態勢を整えたり、必要に応じて相談を受けたりなどの工夫も欠かせません。とくにセルフホワイトニングサロンにおいては、20代の若い女性スタッフが中心となります。そのため、彼女らを上手にマネジメントし、お店のことを考えて行動してくれる店長がベストでしょう。

あとは実際に業務を担いながら経験を積んでもらい、広告やキャンペーンをはじめとする費用がかかるところも徐々に任せていくことで、少しずつ慣れていきます。信頼できる人に仕事を任せることが大切。それは、採用時にも問われるポイントになります。

スタッフの無断欠勤のリスクについて

サロン経営に限ったことではありませんが、人によっては、お店に連絡することなく休んでしまったり、そのまま辞めてしまったりするケースがあります。

当然、アルバイトだからといって許されることではなく、お店側としてはお客様の予約をキャンセルしなければならないこともあるなど大きな損害となります。

本来であれば、そのようなことにならないよう、採用する人をきちんと見極めて未然に防ぐのがベストです。

ただ、面接をして実際に働いてもらっても、その人がこの先、無断欠勤することなく働いてくれるかどうかまでは見抜けないものです。社内研修を実施しても完全に防ぐのは難しいでしょう。だからこそ、そうしたトラブルを事前に想定しておく必要があります。対応方法をマニュアル化しておけば、いざというときでも慌てなくて済みます。

また採用後についても、教育体制やマニュアルの整備、さらには信頼関係を構築するためのコミュニケーションなど、様々な工夫が必要です。

その他にも、私の場合は「過去にホワイトニングのサービスを受けたことがあるか」もチェックしています。オーナーにも言えることなのですが、仕事そのものに対する興味や関心の有無は、働く姿勢にも直接影響するからです。

その人がホワイトニングを受けたことがあるかどうかをスタッフ採用の1つの基準とし、そのうえで、セルフホワイトニングという新しいサービスを多くの方に広めていく意気込みがあるかどうかもチェックすると良いでしょう。

その他には、「あの人は真面目そうだから大丈夫」「初日からしっかり働いてくれるだろう」などと安易に思い込まないこと。私の経験上、大学4年生で卒業後に就職先が決まっている人でさえ、平気で無断欠勤するものです。そこはシビアに見ておく必要があります。

お客様の予約希望を勝手に断った怠け社員

スタッフが起こすトラブルとして、自分の判断で勝手にお客様を断っていたケースもありました。お客様から「この時間に予約を入れたいのですが」と問い合わせがあった際に、空いているのにもかかわらず「その時間は対応できません」と返答していたのです。

理由はどうあれ、スタッフが独断でそうした判断をするのはNGです。店長なりオーナーに確認したうえで、適切に対応することが求められます。しかもそのスタッフの場合、なぜ断ったのかと言うと、単純に「面倒だから」「ちょっとぐらい断ってもバレないだろう」と考えていたのです。

これは確実に、お店に対する背信行為です。このような行動を放置しておくと、お店の評判も悪くなりますし、最悪のケースでは閉店に追い込まれる可能性もあります。

たしかにスタッフを信用することは大事なのですが、管理不行き届きになってしまっては、店長ないしオーナーが責任を取らなければなりません。ですので、スタッフを信用しつつも、そうした行為が起こらないような管理体制を整えておくことが求められます。

弊社の場合は、電話の内容を録音したり、あるいは店内の様子をいつでもチェックできるようネットワークカメラを設置したりなど、背信行為を未然に防ぐ環境を整備しています。「いつも見られている」という状況を作るだけでも、スタッフは身勝手な振る舞いをしにくくなります。環境自体が抑止力になるのです。

あるいは、金銭的なトラブルを防止することにもなります。レジのところに監視カメラをつけておけば、スタッフとしても変な気を起こしにくくなります。とくにサロンの場合は、商品やサンプルなどの在庫も置いているため、そういうものを盗まれないような対策も大事でしょう。カメラの設置に加え、定期的な在庫チェックや管理体制の整備などをしておくのが基本となります。

その他の対策としては、オーナー自ら定期的に店舗に足を運ぶというのも効果的です。「いつ来るかわからない」と思わせることで、普段の仕事にも緊張感が生まれます。逸脱しがちなスタッフの行動をあらかじめ予測し、それを防げるようにしておけば、オーナーとしても安心して店舗を運営することができます。

性善説で考えたい気持ちもわかりますが、ビジネスである以上、やはり厳しい目で見ておいたほうが良いと思います。

スタッフの行為は、最終的に、お客様に提供するサービスに影響します。より価値のあるものを提供するためにも環境を整えるようにしましょう。

スタッフ皆が「同じ方向」を向いているか

弊社の事例ではないのですが、あるセルフホワイトニング店のスタッフが知らないうちに医薬品を販売していたケースもあります。それも〝違法に〟です。

もともとセルフホワイトニングサロンは、医療機関ではなく、あくまでも美容サービスを提供しているお店です。そのため医薬品を取り扱うことはできないのですが、そのルールを無視して薬品を仕入れ、販売していたスタッフがいたそうなのです。

あるいはネットでお客様に薬品を購入させ、それを持ってきてもらい、あたかも店舗の在庫から出てきたように装って施術していたケースもあるようです。そうした薬品の多くは海外製のもので、日本では通常手に入らないものです。それでお客様としても新しいサービスが受けられるわけですが、当然、許される行為ではありません。

では、どうすればそのようなスタッフの背信行為を防げるのでしょうか。

やはり重要なのは、あらかじめルールを定め、そうした事態が発生した場合には厳粛に対応する旨をスタッフに伝えておくことでしょう。加えて、店舗運営にまつわる禁止事項についても教育することが大切です。想定外のことも出てくる可能性はありますが、その都度、指導を徹底することが求められます。

一方で、複数の人が働いている現場では、スタッフ同士のトラブルが発生するケースもあります。とくに、仲の悪いスタッフがいる場合は注意が必要です。

そこで働いている人の空気感は、お店の雰囲気となってお客様にも伝わります。スタッフ同士がギスギスしていると、お客様もその嫌な感じを受け取ってしまうのです。

そのようなお店に通いたいと思う人はいません。結果的にお客様の足が遠のいてしまい、売上が悪化することになります。

よくあるケースとしては、特定のスタッフにやる気が欠けていたり、あるいは反対にがむしゃらに頑張りすぎるスタッフがいる場合です。仕事に対する熱量が異なると、そうした状況が軋轢《あつれき》を生むきっかけとなり、それぞれの関係性が悪化してしまいます。

売上に対する姿勢も同様です。誰かが「もっと売上を伸ばそう！」と意気込みすぎていると、それが店内のバランス関係を崩してしまうこともあるのです。逆の場合も同様です。

こうした問題に言えるのは、すべてのスタッフが同じ方向、つまりお客様に集中していないということです。それが結果的に、認識や態度の不一致につながります。オーナーとしては、まずそのような雰囲気の悪化に敏感になり、適宜環境を整えていくこと。そうした配慮もまたオーナーの仕事と言えるでしょう。

◆3．人材育成

スタッフには歯の知識よりも「ホスピタリティ」を

お客様がセルフホワイトニングサロンに来る理由が「施術内容（ホワイトニング）」だけであれば、スタッフは必ずしも重要ではないかもしれません。いろいろな業種・業態で広がっているように、「無人のセルフホワイトニング」もすでに存在しています。

ただ現状は、前述のようにスタッフとのコミュニケーションを期待しているお客様がたくさんいます。そこに、ホワイトニングサロンならではの付加価値をつける余地がありま す。とくにリピーターに関しては、スタッフの接客態度やコミュニケーションが気に入り、お客様がいわゆる「ファン」になってくれているケースが少なくありません。

どのような商品やサービスでもそうですが、付加価値がなければ、利用をやめてしまったり他社に流れていったりします。

一方で、そのお店自体に価値を感じてくれていたり、スタッフとのやりとりを通じて「そのお店がいい！」とファンになってくれたりする人の存在は非常に重要です。そのようなコアなファン層が、お店の経営を支えてくれます。だからこそ店舗側としては、スタッフの接客力向上に力を入れるべきなのです。

もし、ホワイトニングにまつわる「歯の知識」だけが重要視されるなら、歯科衛生士をはじめ、知識や経験がある人を採用すればいいでしょう。しかしセルフホワイトニングの場合は、お客様が施術することになりますし、来店される方もそこまで歯の知識を求めているわけではありません。

当然、スタッフには一定の知識が求められますが、それは後からでも身につけられます。

それよりも、やはりホスピタリティのある対応が重要だと私は考えています。

もちろんベストなのは、歯の知識とホスピタリティの両方を兼ね備えている人でしょう。ただ、そのような人材はなかなかいません。ですから、できるだけ接客が上手でホスピタリティがある人を採用したり、そのような人材を育てていくことに力を注いだりするべきです。

このことは、お客様対応だけでなく、オーナーやスタッフ同士の関係構築にもつながっていきます。働く人々の関係性が良好だと、経営もうまくいきやすくなります。

コミュニケーションスキルを高めるのは容易なことではありません。そのための研修を準備するのは、マニュアルを整備することより大変でしょう。

ですから順番としては、「接客に向いている人を採用する」「採用後も研修などで接客レベルを高めていく」という流れが良いと思います。

またオーナーとしては、必要に応じてインセンティブを設けるなど、そこで働く人が接客スキルを高められるような工夫も求められます。

スタッフの「接客スキル」を高めるためのオーナーの心得

接客スキルの大半は入社後に身につけられます。その点セルフホワイトニングサロンのスタッフは未経験・資格なしでも働くことができるのですが、一方でオーナーはスタッフの教育に力を入れる必要があります。

接客の基本とサービス精神を養ってもらわないと、結果的にお客様から選ばれる店舗になれず、売上が伸び悩んでしまう恐れがあるためです。とくに新規顧客を集客するコストと、リピーターに来てもらうのにかかるコストの違いを意識しておくことが大切です。

新規顧客を数多く集めるには、無料の施策だけでなく、有料の広告等も打ち続けなければなりません。そうすることでより多くの方に目にしてもらう必要があるからです。一方でリピーターを獲得するには、お店に来てくれた方をきちんともてなし、気に入ってもらいさえすれば、基本的には自動的に通ってくれます。

もちろん、お店のことを思い出してもらうようなプッシュ型の告知（ハガキやＬＩＮＥの通知など）や店名を覚えてもらうための工夫も必要ですが、新規でお客様を集めるよりは低コストです。そうした違いをオーナーが理解しているかどうかによって、人材育成の認識も変わってくるのではないでしょうか。

セルフホワイトニングサロンに参入する人の中にも、「市場は伸びているし、知識がいらないなら簡単だろう」などと考えている方がいます。たしかに表面上はそう見えるかもしれませんが、接客に対して真摯に取り組む姿勢がないと、やはり厳しいのが実情です。それはあらゆる客商売に言えることだと思います。

オーナーが自ら接客スキルを高めることはもちろん、スタッフへの教育もきちんと行い、クオリティを担保することでお店は繁盛しやすくなります。だからこそ、自分でサロン経営を始める人は、教育や研修に関連するものやマニュアル等もすべて準備しておく必要があるのです。具体的には、資料や動画、カリキュラムなど、スタッフがきちんと学べる環境を整備し、接客の水準を高められるようにしましょう。

ちなみに、スタッフにマシンの使い方や接客の手順を説明するだけでは売上は伸びていきません。歯の知識もそうですが、より重要なのは何度もお伝えしているように、お客様とのコミュニケーションです。基本的な情報を覚えてもらうだけでなく、ホスピタリティも養えるのがベスト。それが売上にもつながり、そこまでアプローチできてこそ「スタッフを教育できている」と言えるのです。

お客様に名前と顔を覚えてもらうために

お客様に「スタッフの名前と顔をきちんと覚えてもらう」だけでも、リピーターの獲得につながる可能性があります。

事実、ホワイトニングサロンを訪れるお客様の中には、施術そのものに加え、スタッフとのコミュニケーションを楽しみに来ている人もいます。それはまさに、お店にいる友人に会いに来るようなイメージかもしれません。それだけ、スタッフのことを気に入ってくれているのでしょう。

もちろんスタッフには、お客様との節度を持った関係構築や距離感の維持が求められますが、名前と顔を覚えてもらい、通ってくれること自体は大きな価値となります。

お店にとっても、より多くのリピーターを獲得できるスタッフは、それだけで貴重な存在ですし、それがお客様の満足度向上にもつながります。

弊社の店舗でも、お客様から差し入れやお土産をいただいたりするケースがあります。そのような関係性の構築は、まさにスタッフの努力の賜物《たまもの》だと思います。

もっとも、オーナーとしては、個別のスタッフに依存しすぎるのは危険という点も理解しておくべきでしょう。その人がいなくなったとき、経営が傾いてしまう恐れがあるためです。

スタッフの名前を覚えてもらう工夫としては、挨拶をきちんと行い、かつネームプレートを活用するのが基本。また、ウェブサイトにスタッフの紹介ページを作ったり、あるいはSNSを活用して名前を覚えてもらったりする工夫も効果的です。

そこからもたらされる付加価値は、ホワイトニングサロンに通う理由になります。また、客単価を上げるきっかけになるかもしれません。ぜひオーナーは、既存のサービスだけでなく、スタッフの教育も通じてコミュニケーションスキルを向上させるよう努力を重ねてください。それが結果的にリピート客を獲得することになり、働いているスタッフにとってもやりがいにつながります。

加えて、どのようなスタッフがいるのかによってお店の雰囲気も変わってくるため、採用から教育まで、より良いお店作りにつなげていきましょう。

従業員自身が「白い歯」の価値を理解すること

基礎的な研修と実地での訓練を繰り返すことで、接客のスキルは徐々に向上していきます。そしてそのスキルは、セルフホワイトニングサロンだけでなく、あらゆる仕事に応用できるホスピタリティの土台になるでしょう。

ただしそれらのスキルは、あくまでも一般的な部分での接客力になります。セルフホワイトニングサロンの場合、それに加えて「白い歯」に対する価値を、従業員が理解している必要があります。

良いものだから他人にも勧める。それが本来の接客です。そこに対価が発生して「事業」になるだけで、接客の基礎は普段私たちが家族や友人や知人に対して行っている善意の延長にあり、セルフホワイトニングサロンの場合は「白い歯になることのメリット」を伝えることに他なりません。

本書でも様々な角度からセルフホワイトニングの利点を紹介してきましたが、人材育成においても、ぜひ以下の点を再確認しつつお客様と接する全スタッフに周知徹底しておきましょう。

【白い歯が人に与える印象】

●清潔感がある

人は情報の半分以上を視覚から得ており、第一印象も見た目で決まると言われています。そのため、歯が黄ばんでいるとそれだけでマイナスイメージを与えてしまいますが、綺麗な白い歯であれば清潔感のある魅力的な印象を与えられます。

●若々しく見える

歯が黄ばんでいると顔までくすんで見え、老けた印象になります。一方で会話中や笑みを浮かべたときに綺麗で美しい歯が見えれば、それだけでイキイキした印象を与えられます。さらに白い歯は実年齢より5歳ほど若く見えるという研究結果もあります。

●自信があるように見える

歯が白くて綺麗だと、健康かつ明るい印象を与えることができます。躊躇なく歯を見せて自然に笑うことができるため、自信に満ちあふれた人に見られやすくなります。まわりからの好印象と自尊心の高まりという良い循環が生まれるのです。

歯が与える影響力は絶大で、「営業成績を上げたい」「異性に気に入られたい」「若く見られたい」など、自分を変えたいすべての人にホワイトニングは有効です。お客様の歯の状態や好みなどをきちんとヒアリングしたうえで、よりベストな方法で白い歯へと導いていきましょう。

おわりに

▼歯科医院が7万軒近くあるのに、できていないこと

本書を最後までお読みいただきまして、誠にありがとうございました。読者の方に少しでもセルフホワイトニングサロン経営の魅力が伝わったとしたら、著者としてとても嬉しく思います。最後に私がホワイトニングカフェを経営する中で感じたことについてお伝えさせてください。

私の祖母は、70歳頃からあまり元気がありませんでした。60代から総入れ歯だったこともあり、食べたいものを食べることができず、徐々に衰えていく姿を目の当たりにしてきました。最後の数年間はほとんど寝たきりで、「早く死にたい」という言葉を聞くたびに悲しい気持ちになったものです。

一方で、私が経営者になってから会合などで会う高齢の方には、元気な人も多いです。中にはテレビにも出演されている有名人もいます。ある夫人などは、すでに80歳を超えていたのですが、驚くほどエネルギッシュな方でした。よく通る声と明るい表情で周囲の人

を笑顔にし、歩くだけでもオーラがあります。姿勢もまっすぐキレイで、本当に輝いて見えました。印象的だったのは真っ白の歯。聞くところによると、1日5回も歯を磨くそうで、歯石も定期的に除去しているとのこと。真珠のように美しい彼女の歯は未だに忘れられません。

私の祖母とあの夫人は何が違うのか……。歯に関連する事業をするようになってから、そのことを深く考えるようになりました。

現在、日本にはたくさんの歯科医院（歯科診療所）があります。厚生労働省の調査によると、その数はなんと6万7000軒以上（2023年時点）。これは、全国にあるコンビニよりも多い数字です。他方で、同じく厚生労働省の「歯科疾患実態調査」によると、日本人の成人の約8割が歯周病患者または歯周病予備軍とされています。こうした事実の背景には、「痛くならないと歯科医院に行かない」「虫歯にならないと歯の健康について考えない」という事情があると推察されます。

かつての私もそうでした。ただ、よくよく考えてみると、これだけたくさんの歯科医院があるにもかかわらず、歯の健康に対する意識があまり進んでいない状況にも問題があると思います。

歯は人からよく見られる箇所であることに加え、とくに海外では人の評価に直結する要素でもあります。人生１００年時代と言われている現代だからこそ、私たちはもっと歯の健康について考え、そのケアにも力を入れていくべきではないでしょうか。

そうした習慣によって、日本人の健康寿命も延びることが期待されます。実は、そのような意識改革の一端を担う存在として、私が経営しているセルフホワイトニングサロンも役に立てるのではないかと考えているのです。

▼歯科衛生士の活躍の場は歯科医院だけではない

ホワイトニングカフェのスタッフには、歯科衛生士をはじめ、歯科医院で働いていた方が多くいます。

歯科医院は、どうしても患者さんに「痛いこと」をせざるを得ない場所。そのため、歯科から弊社に転職してきた方に話を聞くと、「患者さんが痛がる様子を見るのが辛くて……」と言うことがあります。そうした理由から美容としてのセルフホワイトニングサロンに興味を持ってくれた方も少なくないのです。

歯科医院で働いていたときの知識は、当然セルフホワイトニングサロンでも活かせます。歯科衛生士などの資格を有している方も、歯科医院だけが職場と考えるのではなく、セルフホワイトニングの世界にもぜひ足を踏み入れていただければと思います。きっと、違う景色を見られることでしょう。

とくにホワイトニング業界は、今後ますます成長していくことが予想されます。口腔衛生への意識が高まっているのはもちろん、美容の観点からも、日本で、そして世界中で注目されているからです。

さらなる成長には優秀な人材が欠かせません。資格の有無にかかわらず、熱意のある方がホワイトニング業界に参入してくだされば、歯に対する意識もより拡大していくことでしょう。

▼明るい歯がお客様の明るい未来を作る

歯周病の怖さは、歯を失うことだけではありません。歯周病が全身の病気と関係していることはすでに述べましたが、歯周病は正しいホームケアと定期的な検診で防げます。ぜひ、歯科検診を受けてください。

ただ、これだけ歯科医院があっても、定期的に歯の検診を受ける人は3人に1人ほどだと言われています。私の使命は、歯を白くするだけではなく、セルフホワイトニングのサービスをきっかけにオーラルケアに関心を持つ人を増やすことにあります。

それが最終的には、日本人の健康寿命を延ばすことにもつながるからです。

ホワイトニングカフェは、ふだん歯科医院に行かない方にも利用されています。実際、お客様はホワイトニングを通してオーラルケアにも関心を持ってくれます。ビジネスをスタートしてからその事実に気づき、「なんてやりがいのある仕事だろう」と私は思わず感動しました。

困難も多くありました。

やめたいと思ったことも何度もありました。

それでも今、私がこの仕事を続けていられるのは、「オーラルケアの意識を変えることで、日本人の健康寿命を延ばしたい！」と心より思っているから。

そうした志に共感し、たくさんの仲間たちが集まってくれています。店舗数も、お客様の数もどんどん増えています。そしてそこには、貿易業をしていた頃には想像できないほどたくさんの笑顔があふれており、白い歯が輝いています。

私は今、人生で一番モテている——。

当初の思いとはちょっと変わってしまったかもしれませんが、根本にあるのは、誰もが持っている「好意的に見られたい」という気持ちです。

本書を通じて、セルフホワイトニングサロンに興味を持ってくださる方が1人でも増えたら、著者として望外の幸せです。

2024年11月

佐藤和也

参考サイト・資料一覧（サイトの年月日は記事の公開日または更新日）

セルフホワイトニングQ&A

厚生労働省「統計表一覧」https://www.mhlw.go.jp/toukei/saikin/hw/eisei_houkoku/21/dl/toukei.pdf
PRTIMES（NPO法人日本ネイリスト協会）「ネイル産業の「今」が分かる一冊 Nail Market Report『ネイル白書2023』発刊」（2023年1月16日）
厚生労働省「医療施設動態調査（令和6年4月末概数）」（2024年6月28日）
シャリオン 美歯口ホワイトニング「セルフホワイトニングサロンをはじめませんか?」

序章

週プレNEWS「通院拒否で気づけば歯がボロボロに…。全国に500万人もいる「歯科恐怖症」の実態とは?」（2023年8月8日）
おくちニュース「ホワイトニングの値段の相場―追加でかかる費用も徹底解説!」（2024年5月21日）

第1章

東京商工リサーチ「「美容室」倒産が急増　1-4月は最多の46件　人件費や美容資材の価格上昇が経営を直撃」（2024年5月10日）
集英社オンライン「美容室が過去最多ペースで倒産、もう技術だけではやっていけない時代に…チェーン店は労働環境改善に取り組むも、個人経営店の行く末は…」（2024年6月13日）
東京商工リサーチ「「エステサロン」の倒産急増、年度最多の95件　コロナ禍の落ち着き後も客足戻らず」（2024年4月5日）

PRTIMES（帝国データバンク）「ネイルサロンの倒産が増加、過去最多を更新　店舗急増で競争激化、コロナ禍の直撃が追い打ち　客足減のピークは一旦過ぎたものの、コロナ禍以前の需要は当面見込めない状況続く」（２０２０年12月8日）

ZAC「人件費率はどのくらいが適正？　計算方法や改善のための考え方を解説」（２０２３年7月28日）

クリエイティブブレーン「美容室のオーナーは儲かる？　美容室の規模ごとの利益シミュレーション」（２０２３年10月6日）

フランチャイズ比較.net「ネイルサロン開業の流れや必要なものが分かる！　費用・資格・成功ポイントなどを徹底ガイド」（２０２4年9月20日）

PRTIMES（マイボイスコム）「【美容意識と行動に関する調査】美容に関心がある人は約36%。美容のために使うアイテムは、女性では「洗顔料」「スキンケア用品」が各70%台、男性10〜30代では「洗顔料」が4割前後」（２０２３年7月7日）

ジーシー・サークル１８６号「歯のホワイトニングの歴史とパラダイムシフト」（２０２３年8月）

日本歯科審美学会学会誌『歯科審美』35号「日本人を対象とした歯のホワイトニングに関する意識調査」（２０２３年3月）

厚生労働省 保険者に対する歯科口腔保健の取組における普及啓発事業実行委員会「口からはじめる生活習慣病予防」（平成27年度）
https://www.mhlw.go.jp/file/06-Seisakujouhou-12400000-Hokenkyoku/0000124752.pdf

ティースアート「ティースアートの歴史」https://www.teethart.com/company_profile/history/

ホワイトニングバー「日本初のセルフホワイトニング専門店」https://whiteningbar.jp/selfwhitening_only/

ティースアート「セルフホワイトニングで歯を白くすることは可能？　不可能？」https://www.teethart.com/whitening_column/selfwhitening/

ホットペッパービューティーアカデミー「数字で見る美容業界」https://hba.beauty.hotpepper.jp/search_sp/

Straits Research「歯のホワイトニング市場規模、トレンド、成長分析２０３２年まで」（２０２４年8月7日）

Statista「アメリカの口腔及びデンタルケア」（Oral health and dental care in the U.S. - Statistics & Facts | Statista）（２０２４年1月10日）

Astute Analytica「ホワイトニング商品市場」（Teeth Whitening Products Market Size, Share | Statistics Report）（２０２３年3月）

Oh my teeth「ホームホワイトニングの値段の相場は？　ほかのホワイトニングとの比較も」（２０２４年9月9日）

Oh my teeth「デュアルホワイトニングとは？　効果からデメリットまで徹底解説」（２０２３年10月10日）

ホワイトニングカフェ「ホワイトニングの効果持続期間は？　理想の頻度やキープする方法を解説」（２０２１年7月29日）

第1章　章末コラム

National Library of Medicine「Essential principles of tooth whitening」（2022年9月5日）
横浜・中川駅前歯科クリニック「ホワイトニングの歴史」
ティースアート「ホワイトニングの起源～ホワイトニングの発展」（2023年9月20日）
GC「医療ホワイトニングコラム」
すぎうら歯科「バイタルホワイトニングのなりたち」

第2章

集英社オンライン「美容室が過去最多ペースで倒産、もう技術だけではやっていけない時代に…チェーン店は労働環境改善に取り組むも、個人経営店の行く末は…」（2024年6月13日）
サロン開業・運営支援サイト「エステの成約率をアップするには？　売上が安定してあがるコツとは」（2023年4月24日）
中小企業実態基本調査「令和5年速報（令和4年度決算実績）」
フリー「原価率とは？　計算方法や業種別の目安、販売価格の決め方について徹底解説」（2024年6月20日）

第3章

創業融資ガイド「融資を受ける際の自己資金とは？」（2020年8月31日）

第4章

Glad Cube「【2024年5月版】主要SNSのユーザー層を比較／年齢層・特徴を徹底解説」（2022年3月31日）

編集協力――――山中勇樹、大田仁美
出版プロデュース――株式会社天才工場　吉田浩

著者略歴――

佐藤和也（さとう・かずや）

歯のセルフホワイトニング専門店「ホワイトニングカフェ」創業者。

同事業の運営会社株式会社アユザック代表取締役。

1984年、新潟県生まれ。幼少期よりスキージャンプに没頭し、中学、高校、大学の各時代に、全国大会2位となる。その後、会社員、貿易ビジネスの起業等を経て、2015年、客として利用した歯のセルフホワイトニングに魅力を感じたことから、神戸三宮にて友人が営むネイルサロンを間借りして「ホワイトニングカフェ」をスタート。創業半年で集客数業界1位となり、2017年にフランチャイズ（FC）展開を開始。2024年10月現在、グループの総店舗数は北海道から沖縄まで全国で60店舗、年間利用者数は10万人超、グループ年商10億円超。歯のセルフホワイトニングで「日本のオーラルケアに革命を起こす」という思いで日々奮闘している。

ホワイトニングカフェ公式HP：https://whiteningcafe.jp/
佐藤和也 X：https://x.com/ksj358
佐藤和也 Facebook：https://www.facebook.com/satokazuya

「白い歯」で稼ぐ！
未経験からはじめる「セルフホワイトニングサロン」

2024年12月20日初版印刷
2024年12月30日初版発行

著　者　佐藤和也
発行者　小野寺優

発行所　株式会社河出書房新社
〒162-8544　東京都新宿区東五軒町2-13
電話　03-3404-1201（営業）
03-3404-8611（編集）
https://www.kawade.co.jp/

装幀・DTP　鈴木颯八
印刷・製本　三松堂株式会社

Printed in Japan　ISBN978-4-309-30043-6